TRUDE HERR

„Niemals geht man so ganz..."

Ihr Leben

Aufgezeichnet von Gérard Schmidt

BASTEI-LÜBBE-TASCHENBUCH
Band 61 214

Originalausgabe

© 1991 by Gustav Lübbe Verlag GmbH,
Bergisch Gladbach
Printed in Germany, November 1991
Einbandgestaltung: Klaus Blumenberg
Titelfoto: Action Press
Satz: Kremerdruck GmbH, Lindlar
Druck und Bindung: Clausen & Bosse, Leck
ISBN 3-404-61214-X

Dank!

Allen, die daran mitgewirkt haben, daß dieses Buch nach Trude Herrs Tod so rasch, faktenreich und dennoch zuverlässig entstehen konnte, sagen Autor und Verlag herzlichen Dank. Er gilt besonders: Frau Agi Hartfeld, Frau Gigi Herr und Herrn Thomas Maraun, die sowohl Fakten aus den frühen Jahren Trude Herrs als auch zahlreiche Fotos aus Privatbesitz beigetragen haben; ebenso Herrn Charly Werner, der die Erinnerungen an die ersten Wüstenreisen beitrug; ferner den Herren Hermann Ahrens und Karl Seemann, die Wissenswertes zur Laufbahn der Filmschauspielerin bis einschließlich der Gründung des »Theaters im Vringsveedel« beisteuerten; nicht zuletzt aber auch Frau Brigitte Holzhauser M.A. und Herrn Peter Nürck vom Historischen Archiv der Stadt Köln, die den Nachlaß des Fotografen Peter Fischer zugänglich gemacht haben.

Gérard Schmidt

Dr. phil., Philosoph, geboren 1945 in Köln, kam 1978 als Journalist mit Trude Herr in Kontakt und blieb jahrelang einer ihrer dramaturgischen Berater. 1983 übernahm er die Leitung des ältesten Kölner Volkstheaters: der Stockpuppenbühne des »Kölsch Hännes'chen von 1802«. Basierend auf den Anregungen Trude Herrs, schrieb er zahlreiche Stücke im Sinne des reformierten Volkstheaters. Sie wurden an verschiedenen Bühnen aufgeführt und teilweise auch vom Fernsehen ausgestrahlt. Seit 1988 lebt er als freier Autor und Publizist in Köln.

Inhalt

Die große Karriere

Die Gegenwelt

Volkstheater

Das »Theater im Vringsveedel«

Der letzte Akt

Einleitung

Die Lebenslinie

Trude Herrs Leben war so reich, bunt und vielschichtig, daß sich ihre Biographie nicht so ohne weiteres chronologisch erzählen läßt. Immer wieder stehen Ereignisse miteinander in engem Zusammenhang, die zeitlich weit auseinander liegen. Deshalb soll zunächst die Lebenslinie in groben Zügen nachgezeichnet werden.

Geboren wurde Trude Herr am 4. Mai 1927 als drittes Kind eines Lokomotivführers aus Köln und einer Bauerntochter aus der Eifel. Kindheit und Jugend waren durch Weltwirtschaftskrise, Naziherrschaft und Krieg geprägt. Der Vater verbrachte die gesamte Zeit des »Dritten Reichs« in Haft.

Nach dem Krieg machte Trude Herr sich zielstrebig an die Verwirklichung ihres Lebenstraums und ging zum Theater. Zuerst tingelte sie über die Dörfer zwischen Köln und Aachen, dann spielte sie beim Volkstheater Millowitsch kleinere Rollen. Doch bald schon wollte sie sich mit einem eigenen Theater durchsetzen. Der Plan mißlang, und sie jobbte ein paar Jahre als Bardame, um ihren Lebensunterhalt zu verdienen. In diesen Jahren aß sie sich ein wirtschaftswunderliches Körpergewicht an, das die komische Seite ihres Charakters noch verstärkte.

Mitte der fünfziger Jahre entdeckte sie im Kölner

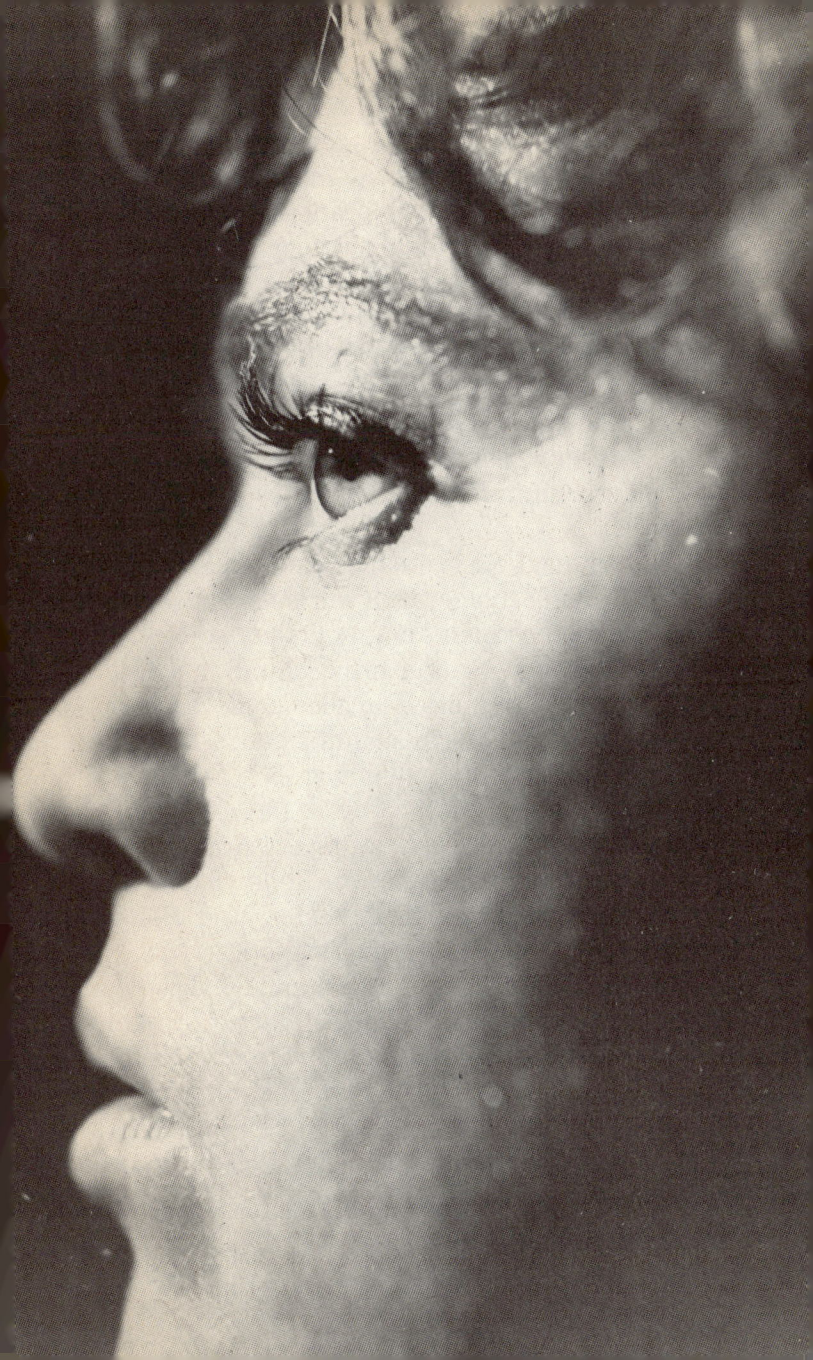

Karneval ihre Chance und begann, Büttenreden zu schreiben und vorzutragen. Schon bei ihren ersten Auftritten wurde sie in den Karnevalssälen umjubelt. Von da aus sprang sie auf die Bühne des Varietés. Hier zeigte sie eigene kabarettistische Nummern, die vom Publikum ebenfalls mit Begeisterung aufgenommen wurden. 1958 holte Willy Schaeffers sie nach Berlin, wo sie sofort für den Film entdeckt wurde: Trude Herr wurde die »Ulknudel« des deutschen Unterhaltungsfilms und – später zu ihrem Leidwesen – vom breiten Publikum immer wieder auf dieses Rollenfach fixiert.

In Berlin machte sie auch ihre ersten Schallplatten. Mit dem Schlager »Ich will keine Schokolade, ich will lieber einen Mann!« ersang sie sich auf Anhieb einen Sensationserfolg, der ihr noch viele Schlager lang treu blieb. In allen deutschsprachigen Ländern gastierte sie mit eigenen Programmen oder als Mitwirkende großer Schlagerrevuen.

Ende der sechziger Jahre ging die Ära des deutschen Unterhaltungsfilms zu Ende. Trude Herr besann sich auf das Volkstheater ihrer Heimatstadt Köln und begann eine neue Karriere. Sie spielte die Hauptrolle in der Komödie »Die Perle Anna«. Wieder stellte sich ein geradezu triumphaler Erfolg ein, und sie machte erneut Tourneen durch ganz Deutschland. Doch sie blieb unzufrieden. Sie empfand die alten Stücke als rückständig und setzte sich ein neues Ziel: die Reform des Volkstheaters. So schrieb sie selbst Stücke, mit denen sie nicht nur beim herkömmlichen Volkstheater- und Unterhaltungsfilm-Publikum, sondern mehr und mehr auch bei Kollegen, Intellektuellen und in politisch linken Kreisen große Aufmerksamkeit erregte.

1977 eröffnete sie ein eigenes Theater, das rasch von sich reden machte. Trude Herr schrieb, spielte, produzierte, sang, inszenierte, gab Gastspiele, übernahm Fernsehrollen, und fast alle ihre Stücke wurden auch vom Fernsehen aufgezeichnet und ausgestrahlt.

1980 erreichte sie mit »Drei Glas Kölsch« den künstlerischen Höhepunkt ihrer literarischen Schaffensperiode. Als »versoffe Lenche« spielte sie eine Trinkerin, die auf der Bühne starb. Damit jedoch konnte sich ihr altes Publikum nicht abfinden. Karikaturen auf das bürgerliche Leben, die sie danach noch in dem Fernsehfilm »Schöne Bescherung« zeichnete, wurden von vielen Zuschauern mit wütender Ablehnung quittiert. Also setzte Trude Herr wieder stärker auf die bewährten Rollen und Stücke und betrieb die Reform des Volkstheaters behutsamer.

Im Laufe der Zeit sah Trude Herr sich mehr und mehr als Schriftstellerin. 1987 schloß sie ihr Theater und veröffentlichte zum Abschied zwei Erzählungen und eine Langspielplatte mit eigenen Liedern. Der Titel »Niemals geht man so ganz« wurde zu ihrem letzten triumphalen Erfolg. Danach zog sie sich auf die Fidschiinseln zurück, wo sie hauptsächlich schrieb. Obwohl ihr Körper mittlerweile von ihrem harten Leben und vielen Krankheiten gezeichnet war, kam sie vier Jahre später doch wieder nach Europa zurück. Sie wollte als Autorin für Fernsehunterhaltung arbeiten. Kurz darauf starb sie am 15. März 1991 plötzlich und unerwartet in ihrem letzten Domizil in Südfrankreich an Herzversagen. Sie wurde eingeäschert und in Köln im Grab ihrer Familie beigesetzt.

Die Persönlichkeit

Es kommt vermutlich nur selten vor, daß Image und Persönlichkeit eines Menschen so weit auseinanderklaffen wie bei Trude Herr. Das Publikum sah in ihr die quirlige oder dümmliche Ulknudel, und diesem Image hatte sie viel zu verdanken. Die Menschen jedoch, die näher mit ihr in Berührung kamen, waren von ihrer Kreativität und ihrer immensen Arbeitsleistung beeindruckt, während ihre engen Freunde und die Familie oft auch von ihrem vulkanischen Temperament erdrückt wurden. Ihr Leben war reich an Komik, Lachen, Höhepunkten und glücklichen Menschen; es war aber auch voll von Tragik, Tränen, Niederlagen und Ruinen am Wege.

Eine Generation später wäre sie vielleicht eine gefeierte Göttin der »Selbstverwirklichung« geworden. Da sie sich aber in ihren frühen Jahren unter brutalen gesellschaftlichen Verhältnissen hatte behaupten müssen, setzte sie auch später ihre Kreativität mit einer Vehemenz durch, die mit durchschnittlichen Maßstäben nicht mehr zu fassen war. Je älter sie wurde und je mehr Erfolg sie hatte, um so unerbittlicher war sie gegen sich selbst, aber auch gegen andere. Es war nicht nur Selbstironie, als sie später mit Blick auf ihre Umgebung von sich sagte: »Ich bin die Herr, dein Gott. Du darfst keinen anderen Willen haben außer meinem.« Diese Einstellung haben fast alle zu spüren bekommen, die mit ihr zu tun hatten. Viele ertrugen diese Art nicht und wandten sich nach einiger Zeit von ihr ab; oder Trude Herr stieß Menschen so vor den Kopf, daß die Beziehungen zerbrachen. Sie vereinsamte am Lebensende und starb nicht zufällig allein.

Will man Trude Herrs Persönlichkeit verstehen und ihre Leistung würdigen, muß man auf fast alle vertrauten Beurteilungsmaßstäbe verzichten. Ihr Leben spielte sich von Anfang an außerhalb der bürgerlichen Normen – in den späteren produktiven Jahren sogar außerhalb der Zivilisation ab. Sie hatte keine Ersparnisse, kümmerte sich nicht um ihre Altersversorgung, und die meiste Zeit hatte sie keine Krankenversicherung. Fast alle unter Durchschnittsmenschen üblichen Rituale und Absicherungen hatten in ihrem Le-

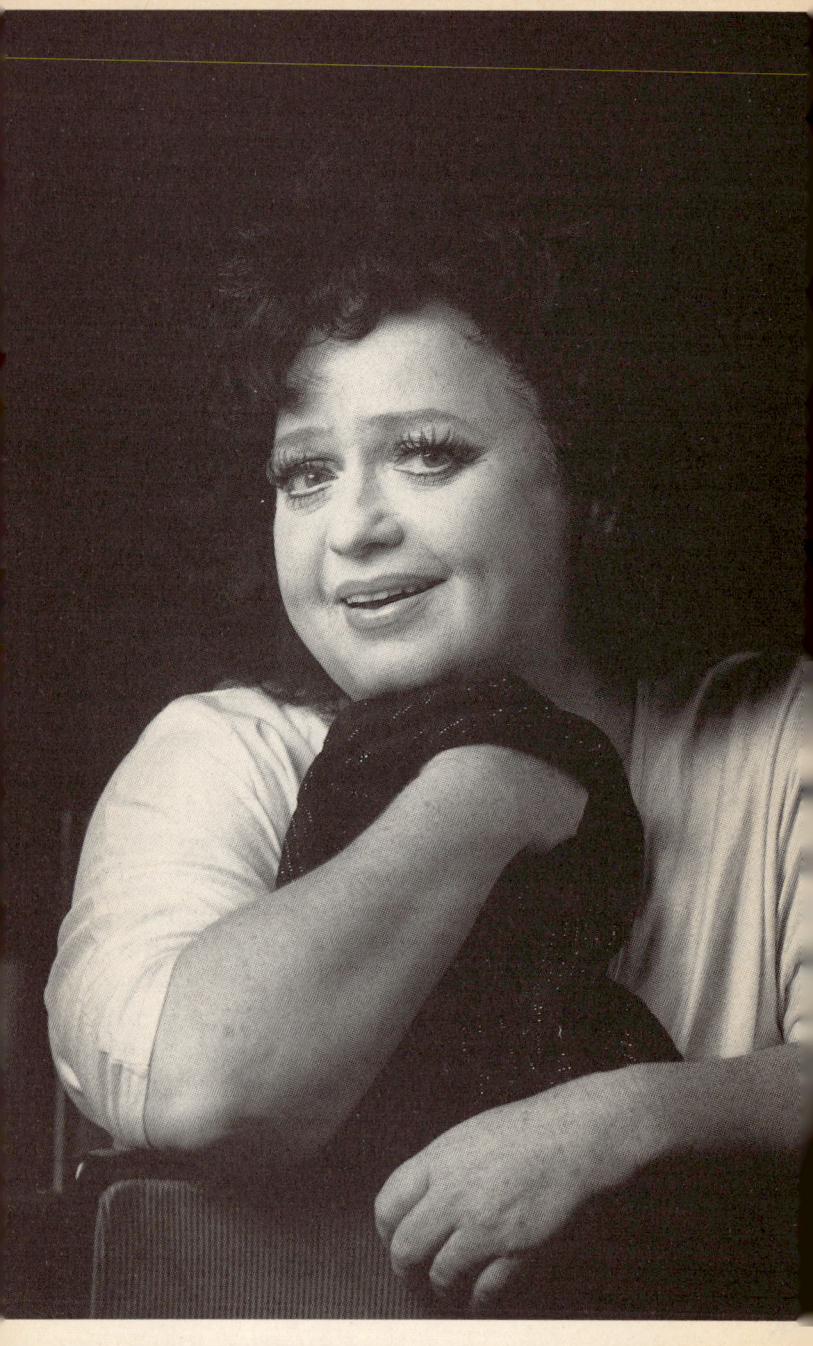

ben keinen Platz. Der Tagesablauf war chaotisch; es fehlte fast völlig ein regelmäßiger Rhythmus zwischen Arbeiten, Essen und Schlafen oder ein notwendiger Wechsel zwischen Anspannung und Erholung, Wochentag und Feiertag, Schaffensperiode und Urlaub, Krankheit und Rekonvaleszenz.

Bedürfnisse wie Essen, Trinken oder Rauchen befriedigte sie direkt und ohne Umschweife. Es gab keine Einteilung ihrer Energien, sondern es gab nur die rücksichtslose Nutzung aller Kräfte, Möglichkeiten und Menschen. »Ich verjubele mein Geld für alte Bücher und Autos, die nach zwei Jahren wie alte Bücher aussehen«, so charakterisierte sie sich selbst. Alle Bräuche und Konventionen verwarf sie zugunsten des schöpferischen Rausches und der Verwirklichung ihrer künstlerischen Ziele. Jede Beachtung bürgerlicher Spielregeln hätte sie als Behinderung ihrer Kreativität empfunden.

Trude Herr lebte ständig nur zwischen den extremen Pendelschlägen, die die Natur oder das Seelenleben zuließen oder begrenzten: Phasen fieberhaften Schaffens bis zur Erschöpfung und Krankheit; rastlose Liebe von poesievoller Seelenerhebung bis zu erniedrigender Leidenschaft. Alle ihre Beziehungen zu Menschen waren in Zärtlichkeit und Härte, in Bewunderung und Neid, in tatkräftiger Hilfe und böswilliger Versagung sehr direkt; sie begannen immer wieder mit der euphorischen Hoffnung eines klaren Sonnen-

aufgangs und endeten fast alle in den Sturmge-
wittern schrecklicher Auseinandersetzungen.
Aber gerade da ihr die menschenfreundlichen
Abfederungen des bürgerlichen Daseins fehlten,
war sie zu Einsichten fähig, die den Durchschnittsmenschen im Negativen wie im Positiven
nicht gegeben sind. Damit förderte sie auch
Wahrheiten zutage, die sich kaum ohne Provokation ausdrücken ließen. Trude Herrs Selbstbe-
kundungen waren oft drastisch und ignorierten
manchmal die Geschmacksgrenze. Und doch gelang es ihr immer wieder, Töne anzuschlagen, die
die Herzen der Menschen direkt erreichten und
wärmten. »Niemals geht man so ganz ...« war einer der schönsten dieser Töne.

Psychologie eines Kaspers

Sucht man nach ähnlichen Bildern oder Gestalten, die das unberechenbare Gesetz dieser Seele
verständlich machen könnten, stößt man auf den
Kasper der alten Jahrmärkte, den Nachfolger des
mittelalterlichen Hanswurst. Er aß, wenn er
Hunger hatte, er schlief, wenn er müde war, er
liebte, wenn der Trieb sich regte, er verhöhnte die
Obrigkeit und verprügelte den Teufel; er überli-
stete sogar den Tod, wenn der ihn holen wollte.

Wie der Kasper war Trude Herr in ihrem tiefsten Inneren anarchisch.

Darin lag der Ursprung ihrer Komik, die sie zunächst im banalen Unterhaltungsfilm verschwendete. Sie stand zwar zu diesem Genre, weil sie damit sehr viel Geld verdiente, konnte sich aber auf die Dauer mit diesem Niveau nicht zufriedengeben. Unerbittlich suchte sie nach Dingen und Menschen, die so substanzvoll waren, daß sich das Lachen verbot. Es war nicht viel, was sie fand. Sie empfand im Laufe ihres aufreibenden Lebens fast alles mehr und mehr als lächerlich, eitel und überflüssig. Das war ein Teil der Tragik, die am Ende unverkennbar ihre Züge zeichnete.

Ihr innerer Kobold trieb sie nicht nur aus dem bürgerlichen Leben, sondern auch aus der Zivilisation hinaus. Dort allerdings fand sie eine Meisterin, der sie sich unterwarf: die Wüste. Die Wüste war für sie der konkrete Ort jenseits der Zivilisation mit dem unsinnigen Streben der Menschen, in ihr etwas zu gelten. Von dort aus verhöhnte sie im Laufe der Jahre immer lauter die Zivilisation und prophezeite, daß sie zuletzt doch dem Chaos verfalle. Dieser Hohn wurde in der letzten Phase ihres Schaffens für manche – auch für viele ihrer Bewunderer – schwer erträglich. Aber in ihm tönte das sardonische Lachen des Glöckners von Notre-Dame nach. Der Unterschied lag nur darin, daß Quasimodo seine Verachtung seinerzeit über die allgemein akzeptierte

Sophie Schmitz in »Die Millionärin«, 1984.

göttliche Weltordnung ausgoß. Trude Herr verspottete die nichtigen Weltordnungen der Menschen.

Das war etwas anderes als Nihilismus. Denn sie zog sich nie auf die Position der untätigen Spötterin zurück, sondern leistete als Schauspielerin und Schriftstellerin des Volkstheaters ihren Beitrag zum Leben der Menschen. Deshalb ist es auch nicht möglich, im Nachhinein mit ihr zu rechten, sondern es kann nur darum gehen, nachzuzeichnen, welche Einsichten und Leistungen aus einem Leben erwuchsen, wie Trude Herr es gestaltete.

Jugend

Die »Insel«

Trude Herrs Lebensweg begann auf einer »Insel«. So nannten die Leute in den zwanziger Jahren eine Ansammlung von etwa hundert Häusern, die rechts des Rheins im freien Feld zwischen den Industrievorstädten Kalk, Deutz und Mülheim standen. In diesen drei Orten waren seit dem 19. Jahrhundert große chemische, elektro- und maschinentechnische Fabriken von Weltgeltung entstanden, und dementsprechend hatte sich um sie herum ein großes Industrieproletariat gebildet. Diese dann nach Köln eingemeindeten Vororte waren das, was man heute soziale Brennpunkte nennt. Gewalttätige Auseinandersetzungen unter Männern, Unterdrückung der Frauen, Verwahrlosung von Kindern gehörten genauso zum Bild wie die Wahlerfolge von Sozialdemokraten und Kommunisten. Gleichzeitig lebte aber noch stark das religiös geprägte Brauchtum der vormaligen Landgemeinden mit ihren Gottestrachten, Schützenfesten, Kirmessen und dem Karneval fort.

Die »Insel« gehörte in den zwanziger Jahren noch zu keiner der drei Vorstädte. Hier lebten ein paar hundert Menschen, umgeben von Feldern und dem wachsenden Säureberg der Chemischen Fabrik Kalk. Es gab einen Bauernhof, einen Tante-Emma-Laden, eine Wäscherei, eine

Familienidylle, 1928.

Gaststätte, einen Kohlenhändler und ein paar
Handwerker. Aus dem Blickwinkel der Kinder
hatte die Örtlichkeit fast etwas Paradiesisches.
Sie lag inmitten von fruchtbaren Feldern. Der
Straßenverkehr beschränkte sich hauptsächlich
auf eine Straßenbahnlinie, die Köln mit dem
Bergischen Land verband. Eine Kiesgrube mit
Baggersee diente in den Sommermonaten als
Schwimmbad.
Viele Männer arbeiteten in den Fabriken, die
man über einige Kilometer Fußwegs erreichte,
oder sie waren bei der Reichsbahn beschäftigt,
die die »Insel« mit einem dichten Schienennetz

Die Kinder der »Insel«, vorn links (kniend) Agi Herr mit der zweijährigen »Tutti«.

Rechts: Mädchen aus der Nachbarschaft, Trude vorn links.

umgab. Konflikte hielten sich in Grenzen. Man nahm lebhaften Anteil am Leben der Nachbarschaft, feierte zusammen, wann immer es etwas zu feiern gab. Im Karneval gab es sogar einen kleinen Umzug mit einem Wagen, den der Kohlenhändler zur Verfügung stellte. An solchen Tagen liefen die Kinder verkleidet durch die Straßen. »Rotkäppchen« und »Zigeunerinnen« waren immer besonders beliebt.

Das zweitausend Jahre alte Köln mit seinem großstädtischen Treiben, dem riesigen Angebot an Waren und Vergnügungen lag gesellschaftlich weit entfernt, obwohl es in Wirklichkeit nur ein paar Kilometer über den Rhein waren. Es war schon ein größerer Ausflug, wenn man einmal »in die Stadt« fuhr. Mit besseren Kreisen kam man nur durch eine Windhund-Rennbahn in Berührung, die in der Nachbarschaft lag.

Zur Zeit von Trudes Geburt wurde gerade die »Weiße Stadt« gebaut, eine vom Architekten Wilhelm Riphahn entworfene richtungweisende städtische Wohnsiedlung für Beamte und Angestellte. Dadurch erst entstand ein neuer Kölner Stadtteil, der offiziell den Namen Buchforst erhielt. Darin ging die »Insel« langsam unter. Zu Beginn der dreißiger Jahre verlor sie ihren Namen, und die Örtlichkeit verlor ihren abgelegenen Charakter. Mit den Nazis hatte das alles noch nichts zu tun. Die Planungen stammten aus den zwanziger Jahren, als Konrad Adenauer noch Oberbürgermeister von Köln war.

Die Not der frühen Jahre

Man darf sich vom Schein der Insel-Idylle nicht trügen lassen. In der Erzählung »Das Camp und die Wüste« schrieb Trude noch Mitte der achtziger Jahre: »Das Elend der Arbeiterviertel um die Chemische Fabrik in Köln-Kalk übersteht wohl niemand ohne irgendeinen Schaden.« – Als sie 1927 geboren wurde, begannen Jahre der schlimmsten Not. Vater Robert war Lokomotivführer und als solcher nicht Beamter bei der Reichsbahn, sondern Arbeiter bei der »Chemischen Kalk«. Als die Weltwirtschaftskrise ausbrach, eröffnete er eines Tages seiner Frau Agathe, daß er arbeitslos geworden war. Seine älteste Tochter, Agi, die damals noch nicht einmal zehn Jahre alt war und seine großzügige Art geerbt hatte, lief sofort zum Küchenschrank, holte ihre Sparbüchse und bot den zu Tränen gerührten Eltern ihre Ersparnisse an: siebzehn Groschen.

Wie Tausende andere ging auch Vater Herr »stempeln«, das heißt, er holte sich sein karges Arbeitslosengeld vom Arbeitsamt ab. Alle paar Tage mußte er sich dafür in die Schlange einreihen, die von Mal zu Mal länger wurde. Wenn die Zeit lang wurde und der Frust zu groß, hielt er flammende Reden gegen die Ungerechtigkeit der kapitalistischen Gesellschaft und propagierte die Gleichheit der Menschen, die er sich nur unter

Trude mit ihrem Vater am Kölner Rheinufer, 1932.

dem Kommunismus vorstellen konnte. Viele stimmten ihm damals noch zu, die es dann später doch nicht mehr wahrhaben wollten.

Was er in diesen Tagen an Geld nach Hause brachte, war zuwenig zum Leben und zuviel zum Sterben. Robert und Agathe Herrs Kinder gingen im Sommer barfuß, trugen Schuhe nur im Winter. Fast alle Kleider waren zuvor schon von anderen getragen worden. Aber das war auf der »Insel« und unter armen Leuten nichts Außergewöhnliches. Zu Weihnachten jedenfalls bemühten sich die Eltern, ihren Kindern den größten Wunsch zu erfüllen: jedem ein eigenes Kotelett auf den Teller zu legen.

Die Naziherrschaft

Mit der Arbeitslosigkeit des Vaters war für die fünfköpfige Familie die schwerste Zeit aber noch nicht angebrochen. Sie begann erst mit der Machtübernahme der Nazis am 30. Januar 1933. Am selben Tag drangen uniformierte Männer der SS in die Wohnung des ihnen wohlbekannten Kommunisten ein, demolierten die ganze Einrichtung, streuten die Asche aus dem Ofen über die Betten und verhafteten Robert Herr.

Ein Onkel der Familie, der schon seit längerem an

den braunen Horden Gefallen gefunden und es bei der SA zu einem höheren Dienstgrad gebracht hatte, machte seinen Einfluß geltend, und eine Woche später wurde Vater Herr wieder entlassen. Als er nach Hause kam, trug er andere Kleider. Seine eigenen waren bei den Mißhandlungen auf dem Polizeirevier derart zugerichtet worden, daß man ihm andere gegeben hatte. Seine Folterknechte ließen ihn jedoch ein Dokument unterschreiben, in dem stand, er sei gut behandelt worden.

Er hatte nicht viel Zeit, die Wahrheit zu erzählen. Schon zwei Tage später wurde er erneut abgeholt, vor Gericht gestellt und als Landesverräter zu einer mehrjährigen Zuchthausstrafe verurteilt, die er im wesentlichen in Siegburg und in zwei anderen Gefängnissen absaß. Danach wurde er jedoch nicht nach Hause entlassen, sondern zur Zwangsarbeit nach Polen deportiert, wo er als Lokführer in einem KZ arbeiten mußte, das der Zentrale in Auschwitz unterstellt war. Von dort aus durfte er in späteren Jahren gelegentlich zu einem kurzen Besuch nach Hause fahren.

Alles in allem war Robert Herr von 1933 bis 1945 in Haft. Als er zurückkam, war zwar ein Bann gebrochen, aber der Fluch der schlimmen Zeiten wirkte weiter. Zwölf Jahre Trennung, zwölf Jahre, die in seinem Leben zerstört worden waren, zwölf Jahre, in denen seine Frau sich selbst hatte behaupten und ihre Kinder allein durchbringen müssen –, diese zwölf Jahre hatten die Ehepart-

Robert Herr als junger Mann, ca. 1918.

ner weit entzweit. Jetzt kamen sie zwar wieder zusammen, aber sie fanden nicht mehr zueinander. Die Beziehung lockerte sich mehr und mehr, und einige Jahre später zog Robert Herr in eine eigene Wohnung. Formal sind sie nie geschieden worden. Agathe und Robert Herr hatten 1920 geheiratet, drei Kinder zur Welt gebracht und dreizehn Jahre zusammengelebt. Dann war ihre Gemeinsamkeit Opfer der politischen und gesellschaftlichen Verhältnisse geworden. Er ist 1961 gestorben, sie 1975.

Die Kinder – vor allem Trude – wuchsen praktisch ohne Vater auf, und sie erlebten an ihrer Mutter, wie eine Frau selbst unter schwersten Bedingungen auch allein das Leben meistern kann. Das Rollenspiel zwischen Mann und Frau ist ihnen von ihren Eltern nie vorgelebt worden, und sie hatten auch nie Probleme damit. Schwester Agi spielte gern mit Jungen Fußball und ergriff später den Beruf der Fernfahrerin. Auch Trude hat sich innerlich nie an eine rein weibliche Rolle annähern können, und sie hat das Rollenspiel der Geschlechter immer mit Mißtrauen und Mißfallen betrachtet. Aus ihren frühen Erfahrungen im Elternhaus sind ihr nicht nur Konsequenzen für die eigene Lebensgestaltung erwachsen, sondern sie hat daraus auch immer wieder komische Varianten für ihre weiblichen Bühnenfiguren gewonnen.

Die Mutter

Die an sich heitere Mutter wurde vom Leben mit unerbittlicher Härte geformt. 1933 wurde aus der großen Not für Agathe Herr die größte. Denn mit dem Tag der Machtübernahme verlor die Familie auch noch das dürftige Arbeitslosengeld des Vaters. Für »Landesverräter« und ihre Angehörigen gab der Unrechtsstaat nicht die geringste Unterstützung.

Wohl hätte die bessergestellte Verwandtschaft

Agathe Herr mit Enkelin Gigi, ca. 1945.

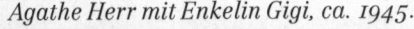

Mutter Herr finanziell ein wenig unter die Arme greifen können. Aber ihr Stolz machte es ihr unmöglich, »Almosen« anzunehmen. Allerdings waren die Geschäftsleute in der Nachbarschaft bereit, ihr »hintenherum« – also nicht offiziell und ohne jede Absicherung – Arbeit zu geben. So schuftete Mutter Herr im Lebensmittelgeschäft und in der Wäscherei bis zur körperlichen Erschöpfung, um ihre drei Kinder durchzubringen. Als die Kinder größer wurden, halfen sie nach und nach auch mit, den Lebensunterhalt zu verdienen.

Eine erste Erleichterung wurde spürbar, als Tochter Agi die Schule abschloß und bei der »Konsumgesellschaft Hoffnung« eine Lehrstelle fand. Eine kaufmännische Ausbildung machte bald auch Sohn Robert, der anschließend zum Arbeitsdienst verpflichtet und dann zur Wehrmacht eingezogen wurde. Robert hatte damit keine allzu großen Probleme und war also »versorgt«. Und die kleine Trude, die ein entzückendes und von aller Welt geliebtes Kind war, entschädigte die Mutter für manche Träne, die sie im stillen geweint hat.

Ausgebombt

Auch in schweren Zeiten stellt sich, wenn sie länger dauern, eine gewisse Normalität ein. Und so ging das Leben von Mutter Herr und ihren Kindern im Laufe der Jahre einen leidlichen Gang. Die Schrecken des Krieges hielten sich anfangs in Grenzen. Das Jahr 1942 bot sogar ein freudiges Ereignis, als Agi Herrs Töchterchen Gisela geboren wurde. Der Vater und Agi haben sechzehn Jahre zusammengelebt, geheiratet haben sie nicht. Deshalb hat »Gigi« den Familiennamen der Mutter behalten.

Im Frühsommer 1943, als die ersten der furchtbaren Luftangriffe über Köln hinweggingen, sank auch die »Insel« in Schutt und Asche. Die Familie Herr behielt nicht mehr als das, was sie auf dem Leibe trug. Die alte Nachbarschaft brach auseinander. Agi, die inzwischen LKW-Fahrerin bei Ford geworden war, erhielt von ihrer Firma ein Ausweichquartier. Von hier aus brachte sie die Familie nach Ewersbach bei Dillenburg im Hessischen.

Erst im Mai 1945 konnte man wieder nach Köln zurückkehren. Die Stadt war zu diesem Zeitpunkt nur noch ein trostloses Trümmerfeld, und niemand wußte, ob sich das Leben je wieder normalisieren würde. Dennoch verbesserte sich für die Herrs die Lage. Der Vater kehrte aus der lang-

jährigen Haft zurück. Seine und Agis Familien erhielten als Verfolgte des Nazi-Regimes bevorzugt
zwei Wohnungen in der Mauenheimer Straße in
Nippes; dazu kam noch eine finanzielle Entschä-
digung (die Vater Herr größtenteils aber bald
schon wieder bei einem geschäftlichen Mißgriff
verlor). Die Kinder gingen alle erfolgreich ihren
Weg: Agi baute sich eine Spedition auf, in der
auch der Vater Arbeit fand; später betrieb sie
zwei Fahrschulen; Bruder Robert brachte es als
erfolgreicher Geschäftsmann zum mehrfachen
Millionär, und Trude – aber das ist ja bekannt.

Die Eltern

Mutter und Vater Herr waren bis zu ihrem Ende
stolz auf ihre Kinder, und dazu hatten sie auch
guten Grund. Sie hatten ihnen nämlich Unge-
wöhnliches auf den Lebensweg mitgegeben. Da
war nicht nur die praktische und oft heitere Art,
mit Schicksalsschlägen umzugehen, sondern
auch kulturelles Interesse und einen unbezwing-
baren Drang nach Wissen. Beides war sowohl auf
der »Insel« als auch in anderen Arbeitervorstäd-
ten nur selten anzutreffen.
Die Beschäftigung mit guter Literatur wurde in
der Familie Herr groß geschrieben. Vater Herr

Heimaturlaub aus dem KZ, Robert Herr mit seiner Frau Agathe und Tochter Agi, 1938.

war nämlich keinesfalls ein Maulheld-Kommunist, sondern er hatte Marx und Engels in originalen Schriften gelesen. Dabei war er aber nicht dogmatisch geworden. Er stand mehr in der Tradition der europäischen Aufklärung und des Humanismus. Sein Glaubensbekenntnis mündete nicht in die These von der Diktatur des Proletariats, sondern in den Satz: »Alle Menschen sind gleich.« Statt der Phrase: »Die Partei hat immer recht«, brachte er seinen Kindern die Ideen der französischen Revolution nahe: Freiheit, Gleichheit, Brüderlichkeit.

Er spielte nie den Arbeiter mit Mütze und geballter Faust; man konnte ihn eher für einen Intellektuellen halten. Bei den Herrs fanden sich immer wieder Menschen ein, mit denen man über Gott und die Welt reden konnte. Vater Robert sammelte Bücher. In den 20er Jahren, als die deutsche Linke noch hoffnungsvoll auf das revolutionäre Rußland blickte, schickte er diese Bücher paketweise nach Osten. Er fragte nicht danach, wer sie bekam und ob die Empfänger überhaupt etwas damit anfangen konnten. Solidarität und Hilfe waren für ihn tiefempfundene und bedeutungsvolle Worte, auch wenn Mutter Herr sich manchmal die Haare raufte, weil der Vater das, was man gerade für die eigenen Bedürfnisse zusammengespart hatte, großzügig an andere weiterverschenkte.

Auch die Mutter schätzte gute Literatur. Ihr Lieblingsschriftsteller war Heine, den sie teilweise sogar auswendig kannte. Auch Tolstoi schätzte sie sehr. Noch größer aber war ihre Begeisterung für die Musik. Wenn sie ein paar Mark erübrigen konnte, ging sie in die Oper. Sie sang auch gern. Manche Arie aus klassischen und romantischen Opern ist schon in frühen Jahren an die Ohren ihrer Kinder gedrungen und hat ihren Sinn für Qualität gefördert. Auch Trude schätzte ihr Leben lang anspruchsvolle Musik und hatte ein untrügliches Gespür dafür, was an neuer und moderner Musik Substanz hatte.

Die beste Mitgift, die die Eltern ihren Kindern gaben, war aber wohl die Fähigkeit, sich Dinge, die ihnen wichtig schienen, selbst anzueignen. Was immer Trude Herr über ihre Volksschulausbildung hinaus beherrschte – zum Beispiel die französische Sprache –, hat sie nie systematisch und schulmäßig gelernt. Als sie sich später daran machte, ihre Stücke selbst zu schreiben, hat sie Kleist und Hauptmann, Zuckmayer und Kroetz, Brecht und Dario Fo studiert. Daß Thomas Mann einer ihrer Lieblingsschriftsteller wurde, hatte allerdings Gründe, auf die wir noch im Zusammenhang mit ihren Wüstenfahrten zurückkommen werden.

Die Schulzeit

Nicht alles, was ein Vorzug fürs eigene Leben ist, wird auch von der Umwelt so empfunden. Das lernten die Kinder von Robert und Agathe Herr bereits in der Schule. Sie hatten den anderen Kindern einiges voraus. Sie waren mit Literatur, Philosophie und guter Musik in Berührung gekommen und verfügten über eine große Sprachgewandtheit. Vor allem beherrschten sie neben dem Kölner Dialekt, der im täglichen Leben gesprochen wurde, auch Hochdeutsch. Das war ungewöhnlich und in der Volksschule eines Arbeiterviertels zu Beginn der dreißiger Jahre ein kaum schätzbarer Vorteil.

Die schulischen Leistungen der Herr-Kinder – besonders die von Robert – waren hervorragend. Von ihm wird erzählt, daß er die gesamte Schulzeit hindurch nie eine schlechtere Note als eins gehabt habe. Bei Agi war es ähnlich; nur die Betragensnote schlug schon einmal in Richtung »befriedigend« aus, weil sie ein lockeres Mundwerk hatte. Das hatte Tutti – wie Trude seit frühen Jahren hieß – zwar auch, aber dem intelligenten und sympathisch plappernden Kind konnte niemand böse sein. Deshalb stellte sich ihr auch niemand ernsthaft in den Weg, und man verzieh ihr vieles, was man anderen Kindern nie hätte durchgehen lassen. Daraus entwickelte sie

Agi und Trude, 1932.

Die Herr-Kinder Robert, Trude und Agi, März 1936.

schon früh jene Durchsetzungskraft, die später dem Willen der berühmten Trude Herr manchmal die zielgerichtete Energie einer Dampfwalze verleihen konnte.

Trotz oder besser wegen ihrer guten Voraussetzungen waren die Herr-Kinder in ihrer schulischen Umgebung nicht gerade beliebt. Sie mußten viele Anfeindungen, Hänseleien und Repressionen ertragen. Mag sein, daß sie den anderen mit ihrer Sprachbegabung als arrogant erschienen, aber sie hatten auch keinen leichten Stand, weil ihr Vater im Zuchthaus saß. Auf diese Schwierigkeiten reagierten sie unterschiedlich: Während Agi sich durchschlug und Robert Konflikten eher auswich, zog Trude sich auf ihren Sympathiebonus zurück.

Daß ihr dabei ihr komisches Talent zu Hilfe kam, merkte sie schon im ersten Schuljahr. Noch in späten Jahren erinnerte sie sich an einen Vorfall während der ersten Schulfeier. Die Mädchen standen wie Orgelpfeifen nebeneinander und hatten ein Gedicht aufzusagen. Auf das Zeichen der Lehrerin sollten alle einen Knicks machen. Tutti paßte nicht auf und sagte laut: »Ach du lieber Gott!« Alles lachte. Als Trude an die Reihe kam, warf sie sich in Pose und deklamierte mit theatralischer Stimme: »Drum soll im rauhen Krippelein das liebe heil'ge Kind auch meines Lebens Freude sein, bis mich der Tod einst find't.« Der Satz mit dem Tod kam so dramatisch, daß die Leute sich kugelten vor Lachen.

Die unfreiwillige Komik blieb Trude bis zuletzt erhalten. Sie ergab sich meist aus höherem Streben zur falschen Zeit – wobei sie sich im Laufe ihres Lebens wohl oft gefragt haben mag, wann denn wohl die richtige Zeit für »Höheres« wäre. Dank ihrer erstaunlichen Fähigkeit, Texte nach kurzer Zeit auswendig zu beherrschen, konnte sie schon in der Schule das unendlich lange Versepos »Dreizehnlinden« des westfälischen Heimatdichters Friedrich Wilhelm Weber völlig frei vortragen. Das Werk war ein gefühlsmäßig überfrachteter Erguß nationalen Selbstgefühls, den der Dichter in den siebziger Jahren des 19. Jahrhunderts im allgemeinen Triumphgefühl des Sieges über Frankreich verfaßt hatte. Das in zweihundert Auflagen erschienene Werk fehlte bis zum Zweiten Weltkrieg in keinem konservativ-bürgerlichen Bücherschrank:

Halbvergeß'ne alte Lieder
Werden wach in meiner Seele:
Hätt' ich nur, sie auszusingen,
Wilde Amsel, deine Kehle!

Man braucht sich Trude Herr nur vorzustellen, wie sie versucht, den getragenen Ton solcher Seelenerhebungen zu treffen, und man weiß genau, daß der Vortrag nur schallendes Gelächter hervorrufen konnte. Es bleibt aber festzuhalten, daß sie schon damals den festen und ausgesprochenen Willen hatte, Schauspielerin zu werden.

Trude im fünften Schuljahr, 1937.

Das hatte sie schon im Alter von drei oder vier Jahren geäußert, und von diesem Vorsatz ist sie nie abgegangen.

Der Bruch mit der Kirche

Entsprechend dem Weltbild der Eltern gingen die Kinder nicht auf eine konfessionelle, sondern auf eine »freie« Schule. Die wurde allerdings in dem Jahr, als Tutti eingeschult wurde, von den Nazis geschlossen, weil dort nur »kommunistisch verseuchte Kinder« hingingen. Diese Schüler wurden nun wieder in die älteren Konfessionsschulen aufgeteilt, die wenige Jahre später – wieder aus ideologischen Gründen – ebenfalls aufgelöst wurden. 1933 kamen die Herr-Kinder erst einmal in die Evangelische Schule Mülheim.

Den Nazis gegenüber blieben Agi und Trude reserviert. Dem Drängen der Parteigenossen unter den Lehrern, BDM-Mädels (Bund Deutscher Mädchen) zu werden, haben sie sich beharrlich entzogen. Immerhin gab es einen Lehrer, der den Kindern wenigstens im Gespräch unter vier Augen beibrachte, sie könnten stolz darauf sein, daß der Vater im Gefängnis wäre.

Der Widerstand gegenüber kirchlichen Ansinnen war schon um einiges schwieriger. Auch hier wurde nach dem Sieg über den Kommunismus versucht nachzuholen, was man als früheres Versäumnis betrachtete. Nun wurden die Kinder zwangsweise wieder der Kirche angenähert, zu der die Eltern aus ideologischen wie persönlichen Gründen bewußt Abstand gehalten hatten. Die Kinder mußten wieder am Religionsunterricht teilnehmen. Schulleitung und Geistlichkeit arbeiteten darauf hin, daß sie auch zur Konfirmation gingen. Da sie aber nicht getauft waren, wurde diese Prozedur ein paar Tage vor der geplanten Konfirmation vollzogen. Am Konfirmationstag jedoch war Tutti verschwunden und blieb den ganzen Tag unauffindbar.

Die Rolle der Geistlichen – diesmal der evangelischen – war genauso wenig ruhmreich, wie es die ihrer katholischen Kollegen zwanzig Jahre zuvor gewesen war, als sich Agathe Herr von der Kirche abgewandt hatte. Die antiklerikale Haltung der Familie leitet sich nämlich nicht nur aus ihrer kommunistischen Orientierung her, sondern aus schlechten Erfahrungen. Darauf hat Trude Herr immer wieder Bezug genommen – ganz köstlich noch auf ihrer letzten Langspielplatte mit dem Text »Die Unschuld« zu Mozarts kleiner Nachtmusik.

Trude Herrs Mutter war als Bauerntochter aus der Voreifel in einem urkatholischen Milieu aufgewachsen. Als sie sich aber 1914 aus Liebe einem Mann hingegeben hatte, der dann kurz darauf auf dem »Feld der Ehre« für Kaiser und Vaterland gestorben war, ohne durch Heirat die Frucht seiner einzigen Liebesnacht legitimieren zu können, machte die junge Frau schlimme Erfahrungen mit ihrer katholischen Umwelt. In ihrer 1987 erschienenen Erzählung »Max und Agathe I« hat Trude Herr den entscheidenden Teil der Geschichte selbst erzählt:

»Agathe suchte Trost beim Pfarrer, aber die katholische Kirche kannte zu der damaligen Zeit kein Pardon. Zu Hause wurde die Schwangere zunächst einmal windelweich geschlagen. Ihre Stiefmutter nannte sie eine Hure und Schlimmeres, aber sie wußte Rat. Sie trieb einen Herrn Hinterhausen auf, der zwar gutmütig war, aber selbst den Volksschulabschluß nicht geschafft hatte. Er war sofort bereit, Agathe zu heiraten. Das Kind wurde ihm einfach untergeschoben. Zu diesem Betrug gab sogar der Herr Pfarrer seinen Segen. Damals kriegte der Glauben an die Heiligkeit der katholischen Kirche bei Agathe den ersten Riß.«

Die Geschichte ging dann so weiter, daß das Kind sieben Monate nach der Geburt an Gehirnhauttuberkulose starb und daß auch Herr Hinterhausen schon bald auf dem »Feld der Ehre« blieb. Der Riß im Verhältnis zur Kirche wurde schließlich vollends zum Bruch, als die junge Witwe einige Jahre später den Kölner Eisenbahner Robert Herr heiraten wollte. Der war von Hause aus evangelisch, und dafür hatte der Herr Pfarrer (es war ein anderer als 1914) gar kein Verständnis. Ob sie nun aus der Kirche austrat, oder ob sie – wie auch

*Trude (rechts) mit Agi, 1940. Im Hintergrund das Wohn-
haus, das 1943 zerstört wurde.*

erzählt wird – regelrecht exkommuniziert wurde, ist nicht mehr eindeutig festzustellen. Jedenfalls brachen damals alle ihre Verbindungen zur Kirche ab, und die Chance einer Wiederannäherung wurde beidseits auch nach 1933 nicht genutzt, als die alleinstehende Frau mit drei Kindern Hilfe und Zuspruch gut hätte brauchen können.

Ein spätes kleines Nachspiel hatte das Kapitel Kirche noch einmal nach dem Krieg, als sich in Nippes ein Geistlicher in der Nachbarschaft der Mauenheimer Straße darüber den Mund zerriß, daß Trudes Schwester Agi mit dem Vater ihres Töchterchens Gigi nicht verheiratet war, sondern daß sie »wie Tiere« zusammenlebten …

Wartestand in den Kriegsjahren

1941 ging für Tutti die Schulzeit zu Ende. Der Abschlußaufsatz hatte das bedeutungsvolle Thema »Das Leben«. Noch in späten Jahren erinnerte sich Trude, wie der letzte Satz lautete: »Ich werde das Leben so nehmen, wie es ist, und ich hoffe, sein Meister zu sein.« Die Lehrerin muß ganz hingerissen gewesen sein, »obwohl das ja eigentlich ein ziemlich schwülstiger Satz war.«

Viel zu meistern gab es zunächst nicht. Die Not machte zu große Vorschriften, gegen die auch die

Trude am Ende ihrer Schulzeit.

willensstarke Trude nicht ankam. Von einer Karriere als Schauspielerin träumte sie zwar, aber es bestand keine Chance, diesen Traum auch verwirklichen zu können. Da Mutter Agathe bei ihren Kindern Wert auf eine solide Erstausbildung legte, kam Trude »in Stellung«, das heißt, sie lernte in einem bürgerlichen Hause die Haushaltsführung. Als sich aber herausstellte, daß ihr Arbeitgeber ein Nazi war, gab Trude die Stellung sofort wieder auf und arbeitete als Aushilfe in einer Bäckerei in Kalk. Im Jahr darauf wurde sie zum »Pflichtjahr« eingezogen und tat Telefondienst bei der Flak-Abwehr auf dem kleinen Militärflughafen Merheim am damaligen Stadtrand von Köln.

Ähnliche für sie belanglose Tätigkeiten führte sie während der Evakuierung im Hessischen aus. Hier arbeitete sie als Schreibkraft zunächst beim Standesamt und dann in der Krankenhausverwaltung von Dillenburg. Hier machte sie auch mit sechzehn oder siebzehn Jahren zum ersten Mal eine Männerbekanntschaft. Jedenfalls war es die erste Beziehung, an die sie sich in späteren Jahren noch erinnern konnte.

Leben in Nippes

Als Mutter Agathe und Tochter Trude unmittelbar nach Kriegsende aus der Evakuierung in das furchtbar zerstörte Köln zurückkehrten, wurde der Stadtteil Nippes ihr Zuhause. Im Gegensatz zur ehemaligen »Insel« war dies ein dichtes, urbanes Subzentrum im linksrheinischen Köln. Es war eigentlich das, was in der Mundart als »Veedel« bezeichnet wird. Die hochdeutsche Übersetzung »Viertel« gibt nur unzulänglich die Bedeutung des Wortes wieder. Im Dialekt klingt noch sehr viel mehr von gewachsener Nachbarschafts-

Das zerstörte Köln 1945, Blick über den Rhein.

Das zerstörte Köln 1945, Alter Markt.

und Notgemeinschaft, von Geborgenheit in der Gruppe, von gemeinsamer Lebensfreude und gegenseitigem Füreinander-Einstehen mit. Das alte Köln war im Prinzip nichts anderes als eine Anhäufung solcher Veedel.

Diese Veedel waren durch den Krieg nicht nur baulich, sondern auch soziologisch stark zerstört worden. Erst durch die Lieder der populären Mundartgruppe »Bläck Fööss« in den siebziger Jahren rückten sie wieder ins allgemeine Bewußtsein, aber seitdem hat das Wort einen stark sozialromantischen Klang bekommen. Für Trude Herr hatte Nippes diese Bedeutung noch nicht. Denn das Veedel um die Mauenheimer Straße war damals nicht mehr altgewachsen, sondern neu zusammengewürfelt. Man kannte sich noch gar nicht in der Nachbarschaft, in der nun Kommunisten, Juden und andere offiziell anerkannte Verfolgte des Nazi-Regimes wohnten.

Für Trude Herr gilt insbesondere, daß sie kein »Veedelstyp« war. Dafür war sie zu extravagant und ihre neue Umgebung zu kleinkariert. Als ihre Schwester Agi ein paar Jahre später einer Mode folgte und ein kleines Fußkettchen trug, galt sie sofort als lesbisch. Als die Nachbarschaft aber Trude erblickte, konnte sie nur noch nach Luft ringen: Die junge Frau hatte sich die Haare apfelsinenrot gefärbt, schwarze Strümpfe angezogen und statt eines Kettchens einen Karnevalsorden um den Fuß gelegt. War schon jedes Detail für sich ein Drama, so fehlten für diese Übertreibung

Zur Zeit des »Theaters am Vorhang«, 1947.

schier alle Worte. Man war bereit, das Schlimmste anzunehmen.

Trudes Erscheinung ließ sich zumindest teilweise sachlich erklären. Schon in frühen Jahren wurden ihre Haare weiß, und deshalb färbte sie sich – damals noch blond. Nur in diesem Falle war die Färbung mißlungen und apfelsinenrot ausgefallen. Sie hatte nicht die geringsten Probleme, sich mit dieser auffallenden Haarfarbe öffentlich zu zeigen und mit den schwarzen Strümpfen und dem Karnevalsorden noch einen draufzusetzen. So merkte ihre Umwelt mit einem Schlag aufs Auge, daß ihr Sinn nach anderem stand, als leutselig im Veedel zu verharren.

So zeigte sich ganz augenfällig ihr Drang nach Selbstgestaltung, der in einer zu klein gefaßten Umwelt ständig Anstoß erregen mußte. Deshalb hegte sie auch nicht die geringsten romantischen Sympathien zum Veedel – weder damals noch später. Als in den siebziger Jahren in Köln Europas größtes Wohnhochhaus fertiggestellt wurde und eine heftige öffentliche Diskussion auslöste, sagte sie ohne Zögern, daß sie sich vorstellen könnte, dort zu wohnen, weil es so herrlich anonym sei. Nochmals ein paar Jahre später war der Akzent noch weiter verschoben: »Ich hasse urbanes Leben. Es stört mich beim Arbeiten.«

Zuerst färbte Trude Herr ihre Haare blond.

Die Selbststilisierung

Doch zurück ins Nippes der Nachkriegszeit. War auch vieles noch unklar, so wußte Trude doch sehr genau, was sie wollte: Sie strebte Höheres an, wollte Schauspielerin werden, eine große natürlich, die tragische Rollen spielte. Ihre Mutter unterstützte die Träume, während der Vater, der damals noch in der gemeinsamen Wohnung lebte, ihnen ablehnend gegenüberstand. Erst später, als Trude Erfolg hatte, änderte er seine Meinung.

Eine Rolle, von der Trude träumte, war die der Medea – eine der anspruchsvollsten Gestalten der Theatergeschichte. Medea war die altgriechische Königstochter, die dem Helden Jason zum Goldenen Vlies verhalf, später von ihm verstoßen wurde und in furchtbarer Rache Jason und ihre Kinder umbrachte. Schwer nachzuvollziehen ist, woher Trude die Anregung bekommen hatte. Bemerkenswert ist aber ihre Identifikation mit dieser hochdramatischen Gestalt. Sie hätte ja auch von Gretchen und Kätchen träumen können, aber nein: Es mußte eine das normale menschliche Maß sprengende, ins Größte zielende Figur sein!

Es ist nicht auszuschließen, daß sie an dieser Gestalt Maß nahm, als sie im Laufe der Jahre ihr Äußeres immer stärker der Linie einer griechischen

Tragödin oder einer altorientalischen Mondgöttin annäherte: Am liebsten trug sie schwarz, färbte sich ihr Haar schwarz und schminkte sich extrem ausdrucksvolle Augen, die sie auf dem oberen wie auf dem unteren Lid durch eine dicke schwarze Wimpernreihe noch betonte. Nur wenn sie sich ganz privat fühlte, hat sie diese Selbststilisierung vorübergehend fallengelassen. Besonders typisch am Lebensende: Die wenigen Bilder, die es aus ihrer Zeit auf den Fidschis gibt, zeigen sie mit weißen Haaren und mildem Gesichtsausdruck. Als sie noch einmal voller Hoffnung auf eine neue Karriere nach Europa zurückkehrte, stilisierte sie sich wieder zu dem früheren Erscheinungsbild.

Die Legende

Vor dem Erfolg mußte Trude Herr eine Menge Widerstände überwinden – äußere und innere. Was die äußeren betraf, so schirmte sie sich gegen die Leute, die sie nach unten ziehen konnten, ab. Das registrierte ihre Umgebung oft als Arroganz und Extravaganz. Was die inneren Widerstände anging, nutzte sie die Mittel der Selbststilisierung: Sie mußte das Bild, dem sie gleichen wollte, erst einmal entwerfen und dann konsequent danach leben – egal, wie echt oder falsch das wirkte. Trude Herr begann an ihrer eigenen Legende zu weben, an der sich später Dichtung und Wahrheit kaum noch voneinander unterscheiden ließen.

Als sie ein paar Jahre später bekannt war und ihre ersten Interviews gab, erzählte sie bereits Geschichten, die einer genaueren Überprüfung nicht standgehalten hätten: »Ich wollte schon immer Schauspielerin werden«, so begann die oft wiederholte Geschichte, die sich dann so fortsetzte: »Gleich nach dem Kriegsende nahm ich Schauspielunterricht in Düsseldorf. Die Vorbildung war unwichtig. Gefragt war die Umsetzung von Texten ins gesprochene Wort, die Freude am Darstellen und Verkleiden. Es war eine harte Schule. Sogar fechten mußte ich, und freiwillig habe ich auch noch Theaterwissenschaft dazugenommen. Die Abschlußprüfung habe ich vor Peter Esser und Gustaf Gründgens abgelegt. Gleich nach der Prüfung wurde ich 1947 ans Aachener Stadttheater verpflichtet. Meine erste Rolle war die Hexe im ›Schwarzwaldmädel‹. Mich haben sie gleich als komische Alte verbraten. Ich bekam die Rollen, die niemand haben wollte. Das lag daran, daß ich zu dick war und daß man mich als Medea nicht haben wollte. – Darauf folgte ein Engagement am Theater in Siegen, danach bei der Millowitsch-Bühne – wieder als komische Alte.«

So konnte es nicht gewesen sein. Daß Trude Schauspielunterricht genommen hätte, daran können sich selbst Verwandte und Freunde nicht erinnern. Auch kann sie direkt nach dem Krieg in Düsseldorf keine Schauspielschule besucht haben, weil diese erst im Oktober 1946 den Unterricht aufnahm. Gegen eine Ausbildung in Düsseldorf spricht aber auch, daß Trude Herr nach dem Krieg zunächst in der Anzeigenabteilung der Zeitung »Volksstimme« arbeitete, die von den englischen Besatzern gegründet worden war.

Auch ein anschließendes Engagement am Stadttheater Aachen kann nicht möglich gewesen sein, weil das Stadttheater nach der Zerstörung erst 1951 wiedereröffnet wurde. Das Ensemble bestand zwar schon seit 1947, aber man spielte nicht das »Schwarzwaldmädel«. Siegen schließlich hatte vor 1957 gar kein Theater. Daß Trude damals schon wegen ihrer Körperfülle für Rollen wie die Medea nicht mehr in Frage gekommen wäre, ist auch nicht stichhaltig. Denn sie nahm erst nach der Währungsreform von 1948 zu. Noch als sie zu Millowitsch kam, war sie rank und schlank. Aber ab da beginnen sich Dichtung und Wahrheit wieder mit der Wirklichkeit zu decken. Daraus läßt sich nur der Schluß ziehen: Trude Herr war – wie fast alle großen Volksschauspieler – ein Naturtalent, das keine systematische Ausbildung durchlaufen hat. Da sie aber zunächst nicht im Sinn hatte, Volksschauspielerin zu werden, sondern vom großen, tragischen Fach träumte, konstruierte sie eine Legende, die die fehlende Legitimation ersetzen sollte. – Wie aber begann ihre Laufbahn wirklich?

Der erste Anlauf

Das »Theater am Vorhang«

Vermutlich im Jahr 1946 (vielleicht auch schon
1945) fand Trude Herr im Anzeigenteil ihrer Zeitung eine Annonce des in Aachen angesiedelten
»Theaters am Vorhang«, das Statisten suchte.
Die Not der Jahre und das fehlende Arbeitsrecht
im künstlerischen Bereich machten es möglich,
daß auf privater Basis Wanderbühnen von
beachtlicher Größe und weitem Wirkungsradius
bestehen konnten. Das »Theater am Vorhang«
verfügte über ein richtiges kleines Ensemble von
vielseitig einsetzbaren Schauspielern und Sän-
gern, ein Orchester von sechzehn Mann, ein kleines Ballett und ein paar Statisten. Der ganze Troß
zog von Aachen aus über alle Dörfer der Eifel und
des Niederrheins, mied aber die großen Städte
mit festen Bühnen. Vielleicht kam es sogar einmal zu einem Gastspiel in Siegen, aber das ist
nicht mehr nachweisbar.
Man bot den »Bauern«, als die man die Landbe-
völkerung prinzipiell betrachtete, gefälligen Kulturgenuß, und so erlebten die Einwohner von
Quadrath-Ichendorf oder Geilenkirchen, von
Zons oder Blankenheim Aufführungen vom
»Schwarzwaldmädel« oder vom »Land des Lächelns« oder die Kinder eine Dramatisierung von
Wilhelm Buschs »Max und Moritz«.
Da für Trude in Köln keine Aussicht auf ein Enga-

gement bestand, erkannte sie hier eine Chance, erstmals die Bretter zu betreten, auf denen sie ihr Leben gestalten wollte. Sie stellte sich beim Prinzipal Erich Hubert vor und wurde engagiert – wohlgemerkt als Statistin! Als solche wirkte sie mit am Kulturgenuß der Bauern: als Hexe im »Schwarzwaldmädel« oder als Witwe Bolte in »Max und Moritz«.

Dabei lernte sie einen Kollegen aus Köln kennen, mit dem sie noch jahrzehntelang freundschaftlich verbunden bleiben sollte: Thomas Maraun. Auch er stammte aus einfachen Verhältnissen und war eher zum Possenreißer geboren. Ein Höhepunkt dieser ersten Theaterzeit muß es gewesen sein, daß Trude zusammen mit Maraun im »Land des Lächelns« die »vornehme Gesellschaft« mimte. Man stelle sich vor: Das Arbeiterkind aus der Vorstadt mit kommunistischen Eltern mimte die oberen Ränge der feudalen Gesellschaft! Daraus konnte nur revolutionäre Wut oder Komik werden.

Es wurde natürlich letzteres. Trude und Thomas heckten zusammen unausgesetzt irgendwelchen Blödsinn aus. Während sie als »feine Gesellschaft« auf der Bühne würdevoll beieinander standen, schwärmten sich die ewig Hungernden flüsternd vor, welch auserlesene Speisen sie beim anschließenden Diner *nicht* einzunehmen gedächten. Besondere Freude machte ihnen ein bühnentypischer Schabernack: In der Abschiedsszene von »Land des Lächelns« erhält die

Wiener-Lisa von ihrem chinesischen Prinzen Sou Chong ein kostbares Abschiedsgeschenk: ein Geschmeide, das ihr in einem Kästchen überreicht wird. Da das »Theater am Vorhang« über eine entsprechend wertvolle Requisite nicht verfügte, blieb es bei dem Blick der Beschenkten in das Etui. Allabendlich aber, wenn sie das Kästchen öffnete, fiel ihr Blick auf eine andere Ungeheuerlichkeit – mal auf einen schmutzigen Socken, mal auf eine tote Maus, mal auf einen Regenwurm, mal auf ein Kondom. Und während die so Beschenkte kaum noch die Fassung wahren konnte, fragte die »feine Gesellschaft« ganz spitzbübisch: »Schön, ne!!«

Wenn sie es zu bunt trieb, wurde der »feinen Gesellschaft« die Gage gekürzt. Das traf Trude an einer empfindlichen Stelle. Weniger wegen des Hungers, sondern weil sie sich keine Zigaretten mehr kaufen konnte. Oft war Thomas Maraun in der Lage, ihr aus der Klemme zu helfen – dann nämlich, wenn er von zu Hause ein Essen mitgebracht hatte, das beide schon lange nicht mehr sehen konnten: Nudeln mit Kartoffelpüree. Dieses von anderen Mitspielern noch geschätzte Gericht verkauften sie an die Kollegen und beruhigten den eigenen Hunger wiederum mit den Tabakwaren, die sie dafür erstanden.

Rechte Seite: Experimentalfotos von Peter Fischer.

Bei Millowitsch

Obwohl das vagabundierende Leben Trudes Temperament entgegenkam, war ihr doch klar, daß das »Theater am Vorhang« keine Zukunftsaussichten bot. Also kehrte sie – vermutlich im Winterhalbjahr 1947/48 – nach Köln zurück. Hier gab es das Millowitsch-Theater, eine Heimatbühne, die neben den abendlichen Schwänken nachmittags auch Kinderstücke spielte. Trude Herr hatte bis zu diesem Zeitpunkt »das Millowitsch« noch nie von innen gesehen. Millowitsch genoß damals auch noch nicht jene Popularität, die er später Film und Fernsehen verdankte; und die Familie Herr hatte früher nicht genug Geld gehabt, um »ins Millowitsch« zu gehen.

Hier wurde damals das Kinderstück »Die Heinzelmännchen von Köln« aufgeführt. Millowitsch selbst spielte dabei aber nicht mit. Wie es dazu gekommen ist, läßt sich heute nicht mehr rekonstruieren, aber Trude erhielt in diesem Kinderstück eine kleine Rolle, die ein wenig über die Statisterie hinausging. Mit dabei war auch ihre inzwischen fünfjährige Nichte Gigi. Gigi spielte den kleinsten Heinzelmann, Trude den größten. So

Linke Seite: Bei Millowitsch in »Der kölsche Zigeunerbaron«, 1948.

73

betrat sie erstmals eine Bühne in ihrer Heimatstadt.

Vermutlich als Heinzelmännchen ist sie auf die Idee gekommen, beim Volkstheater und bei Millowitsch den Einstieg in ihre Karriere zu versuchen. Bis dahin war ihr Sinn nämlich offensichtlich nur auf die Medea gerichtet. Da sie aber über keine nennenswerte Ausbildung verfügte, mit der sie sich bei großen Theatern hätte vorstellen können, und da sie mittlerweile an sich eine komische Begabung festgestellt hatte, mußte ihr »der Millowitsch« geradezu als ideal erscheinen. Die Millowitschs waren (und sind immer noch) eine alte und ursprünglich wandernde Komödianten- und Puppenspielerfamilie. Ihre ersten Berührungen mit Köln können sie bis in die napoleonische Zeit vor 1800 zurückverfolgen. Erst 1837 ließen sie sich endgültig in Köln nieder. Kurz vor der Jahrhundertwende legten sie die Puppen beiseite und spielten Theater – allerdings weiterhin mit den Gestalten und der Ausstattung des alten Kölner Stockpuppenspiels. Glanznummern waren die Dialoge von Tünnes und Schäl. Diese beiden urkölschen Typen entstammen zwar dem Puppenspiel, verdanken aber ihre heute noch fortdauernde Popularität den Millowitschs, die sie zum unverrückbaren Bestandteil der Kölner Tradition gemacht haben.

Die Paraderolle der männlichen Millowitschs war immer der bauernschlaue Tünnes, der sich durch große Trinklust auszeichnete und der durch eine dicke rote Nase (»Nas«) sowie rote Haare (»fussije Pürk«) gekennzeichnet war. Der heutige Willy Millowitsch ist immer noch ein glänzender Tünnes. Bis in die Nachkriegsjahre trat er noch mit »Nas« und »Pürk« auf. Als Trude Herr 1948 zu ihm stieß, spitzte sich eine Reformdiskussion gerade auf die Frage zu, ob »Nas« und »Pürk« noch notwendig seien. Bald danach verzichtete Millowitsch darauf. Die Gestalt des kölschen »Tünnes« erhielt sich aber in seinen typischen »Anton«-

Bei Millowitsch in »Pension Schöller«. Trude Herr, Gustl Schellhardt, Franz Schneider.

Rollen. So machte Trude Herr bei Millowitsch nicht nur ihre erste Bekanntschaft mit dem Volkstheater, sondern zugleich auch mit dem Phänomen seiner Reform und der Notwendigkeit der Fortentwicklung.

Die Millowitschs spielten nicht ausschließlich kölsche Traditionsstücke. Zwischen 1900 und 1950 entwickelten sie ganz neue Stoffe und eine andere Art der Unterhaltung, die sonst von keiner anderen Mundartbühne geboten wurde. Mit kölschen Parodien auf berühmte Operetten (zum Beispiel »Der kölsche Zigeunerbaron«) oder mit der Übernahme von Schwänken aus anderen Städten und Landschaften (zum Beispiel »Raub der Sabinerinnen«) bereicherten sie das Kölner Volkstheater in nie zuvor dagewesener Weise.

Hintergrund war und blieb aber stets die bürgerliche, oft auch die großbürgerliche Welt des 19. und frühen 20. Jahrhunderts mit ihren lächerlichen Moralvorstellungen. Themen und Typen dieses Volkstheaters sind: der soziale Aufsteiger, der sich in feiner Gesellschaft nicht richtig zu benehmen weiß; der Hochstapler; der tugendsame Ehemann, der über seine amourösen Affären stolpert; die nicht standesgemäße Liebesbeziehung zwischen dem Sohn aus reichem Hause und der armen Blumenverkäuferin. Der Witz dieser Themen und Stoffe entwickelt sich aus dem Mißverhältnis von moralischem Anspruch der bürgerlichen Gesellschaft und der Natur des Menschen, die diesen Anspruch nicht erfüllt.

In das Haus von Millowitsch trat Trude Herr 1948 – wie so oft – auf eine etwas tragikomische Weise ein. Sie besorgte sich ein zu großes Damenkleid, in dem sie irgendwie »angezogen« wirkte, setzte ein biederes Hütchen auf, ballte ihr ganzes Selbstbewußtsein zusammen und ging zu Millowitsch ins Büro. »Ich bin Trude Herr. Kann ich bei euch spielen?« fragte sie. Millowitsch war von der kleinen Person mit dem großen Selbstbewußtsein verblüfft, besonders aber von der markanten Stimme, an der man Trude bis zu ihrem Lebensende unter Tausenden immer heraushören konnte.

Er engagierte sie und war begeistert. »Sie ist ein echtes Naturtalent«, stellte er fest und gab ihr Rollen in den Stücken »Zwangseinquartierung«, »Zigeunerbaron«, »Pension Schöller« und »Die spanische Fliege«. Das Publikum war beeindruckt, und Millowitsch war glücklich über den talentierten Nachwuchs. Trotzdem war Trude damit noch nicht sehr weit gekommen. Millowitsch verfügte mit Elsa Scholten, Franz Schneider und seiner Schwester Lucy über ein Star-Ensemble, in dem Trude Herr nicht denselben Stellenwert haben konnte, wie man es später von ihr gewohnt war. Aber sie fiel auf.

Gustl Schellhardt

Bei Millowitsch begegnete Trude einem Mann, der ihr Leben bestimmen sollte wie nach ihm kein anderer mehr: Gustav Schellhardt, kurz »Gustl« genannt. Er war wohl Schauspieler, aber seine Fähigkeiten als Regisseur und Schreiber wurden höher eingeschätzt. Er war zwanzig Jahre älter als Trude und erhielt deshalb bald den Spitznamen »Vater«.

Schellhardt war sehr belesen und kultiviert, was Trude imponierte. Durch ihn lernte sie auch andere Künstler und Intellektuelle kennen. Zum engeren Kreis gehörten der Publizist Schmitt-Rost, der nachmals weltberühmte Fotograf Chargesheimer und verschiedene bildende Künstler. Damals müssen sich auch Trude Herr und Heinrich Böll kennengelernt haben. Seinen Werdegang hat sie mit Bewunderung verfolgt, und seine Bücher las sie mit innerer Anteilnahme. Er schickte ihr Neuerscheinungen auch später noch regelmäßig zu. Zu einer nennenswerten Annäherung ist es allerdings nicht gekommen. Jahrzehnte später hat sie die Idee gehabt, Böll könnte doch auch einmal ein Stück für ihr Volkstheater schreiben, doch dazu ist es nie gekommen.

An Schellhardt hat Trude auch fasziniert, daß er homosexuell war. Damit war man aufgrund der damaligen Gesetzeslage zwar ein Krimineller,

Gustl Schellhardt, Experimentalfotos von Peter Fischer, ca. 1958.

und man mußte mit gesellschaftlicher Ächtung rechnen, wenn man seine Veranlagung zugab; aber das war auf der Bühne nie das gleiche Problem wie auf einer Baustelle. Trude jedenfalls hatte damit nicht die geringsten Probleme. Durch ihre Erziehung empfand sie immer eine spontane und ausdauernde Solidarität mit Geächteten und Minderheiten. Schließlich hatte sie am Beispiel ihres eigenen Vaters erfahren, wie Menschen zu Kriminellen gestempelt werden, ohne je ein Unrecht begangen zu haben.

Schellhardt ist wohl die wichtigste Persönlichkeit in Trude Herrs Leben gewesen: Nicht die Schauspielschule, sondern er muß ihr die Grundkenntnisse der Schauspielerei vermittelt haben, er hat ihre Rollen mit ihr einstudiert und sie als Bühnencharakter geformt, er hat später Büttenreden, Sketche und Lieder für sie geschrieben und ihr die Technik des Schreibens beigebracht. Wenn diese Verbindung auch tragisch endete, so zog sie sich als Konstante doch über fast zwei Jahrzehnte durch Trudes Leben. Sie war schöpferischer Quell, Rückendeckung und Freundschaft. Erst am Ende war sie eine Fessel, die Schellhardts früher Tod 1967 dann löste.

Der Busenkrieg

Daß Trude Herr ihr Leben lang immer nur mit Männern – und dabei besonders gut mit Schwulen – zurechtkam, mag daran gelegen haben, daß sie durch ihre Erziehung nie in die typische Rolle einer Frau gedrängt wurde. Schon wegen der Abwesenheit des Vaters hatten die Eltern ihr ein typisches Rollenspiel zwischen den Geschlechtern nicht vorleben können. Da Homosexuelle prinzipiell kein Sexualobjekt in ihr sahen, empfand sie den Umgang mit ihnen von vornherein partnerschaftlicher als mit »normalen« Männern. Unemanzipiertes Verhalten von Frauen Männern gegenüber ist ihr ewig fremd geblieben. Nie hat sie die Rolle der hilfsbedürftigen Frau spielen wollen. Wenn eine Frau »Weibchen« spielte und einen Mann damit zum Balzverhalten anstachelte, sah Trude darin instinktiv nur einen verkappten Machtkampf, in dem jeder letztlich doch nur auf seinen Geschlechtsvorteilen beharrte. Deshalb blieben ihr nicht nur Macho-Männer, sondern auch typische »Weibchen« generell suspekt.

Spektakulärer Höhepunkt dieser Einstellung war der gerichtlich ausgefochtene Streit mit ihrer Schauspieler-Kollegin Edith Teichmann, der 1971 unter dem Stichwort »Busenkrieg« in der deutschen Presse Schlagzeilen machte. Beide spielten zusammen sehr erfolgreich in der Komö-

Trude mit ihrer Nichte Gigi Herr, nach 1960.

die »Die Perle Anna«. Nach einiger Zeit hatte Trude die Teichmann im Verdacht, weniger mit schauspielerischen als mit rein weiblichen Mitteln Vorteile bei den Zuschauern einheimsen zu wollen. Die Einblicke, die vom Zuschauerraum ins Dekolleté zu gewinnen waren, müssen wohl sensationell gewesen sein.

Da Trude der Star des Stückes war, wollte sie das auf keinen Fall dulden. Sie forderte den Rausschmiß der Teichmann, sonst würde sie Schluß machen. Der Produzent wog ab und entschied sich für die Herr. Konsequenterweise ging die Teichmann vor Gericht, der Prozeß wurde durch mehrere Instanzen getrieben, und nach drei Jahren mußte der Produzent an Edith Teichmann einen erheblichen Schadenersatz zahlen. Mit ihrer Nachfolgerin kam es zur selben Auseinandersetzung, und erst mit Mady Rahl, die schließlich die Rolle übernahm, hat Trude – auf der Bühne! – leben können. Das war typisch Trude. Frauenfreundschaften hat es – außer mit einer Schulkameradin und zeitweise mit ihrer Nichte – keine gegeben.

Daß Trude Herr prinzipiell mit homosexuellen Männern gut auskam, bedeutet nicht, daß andere Männer in ihrem Leben bedeutungslos gewesen wären. Im Gegenteil: Sie war von leicht erregbarer Sinnlichkeit, die nicht durch konventionelle Befangenheiten eingeengt wurde. Ihre auf das Jetzt und Hier gerichtete Lebenseinstellung verwirklichte sich immer wieder ganz spontan in

1952.

Beziehungen zu Männern. Wenn ein Mann sie interessierte, konnte sie einen so überwältigenden Charme entwickeln, daß die körperlichen Aspekte nicht so sehr ins Gewicht fielen. Das gab ihr immer ein großes Selbstvertrauen. Die in der Erzählung »Max und Agathe I« formulierte Anspielung auf ihre eigene Mutter läßt sich auch als Selbstcharakteristik lesen: »In Liebesdingen war sie etwas maßlos, genau wie ihre Mutter es gewesen war. Für Agathe war das keine Sünde. Sie wußte gar nicht, was es da zu beichten gab.«

Kinder liebte Trude sehr, obwohl sie keine hatte. Wann immer sie gebeten wurde, sich für Kinder einzusetzen oder an Wohltätigkeitsveranstaltungen teilzunehmen, zögerte sie keinen Moment, wenn ihr Terminkalender es zuließ. In ihrer Phantasie hatte sie sogar längere Zeit Kinder, und zwar mit Gustl Schellhardt. Die beiden taten – auch vor anderen – immer so, als müßten sie auf die gemeinsamen Kinder Rücksicht nehmen, mit denen sie angeblich zusammenlebten. Es waren zwei Jungen namens Toni und Steve. Oft hörten die Freunde zu ihrer Verblüffung abends, wenn man sich in einer Kneipe oder sonstwo traf, wie Trude zu Gustl sagte: »Toni und Steve haben sich schon wieder den ganzen Tag gezankt.« Oder wenn Trude und Gustl etwas planten oder anschaffen wollten, dann sagte bald der eine, bald der andere: »Hast du denn schon mit Steve darüber gesprochen?« Oder: »Wir müssen ja auch daran denken, was die Kinder dazu sagen.«

Die »Kölner Lustspielbühne«

Als Trude Herr bei Millowitsch spielte, war das Leben noch jung, Tragik und Leid des Krieges versanken in der Vergangenheit, eine neue Zukunft zog am Horizont herauf, und zwischen ihr und Gustl Schellhardt sprühten nur so die schöpferischen Funken. Nächtelang saßen die beiden in der elterlichen Küche und lasen Gedichte und Theaterstücke. Gelegentlich erschien Vater Robert, der noch bei ihnen lebte, im wadenlangen Nachthemd und nörgelte herum, daß sein Strom verbraucht würde. Das beeindruckte die beiden nicht im mindesten, brachte ihm aber den Spitznamen »Erzengel« ein. Der beruhte teilweise aber auch darauf, daß Vater Herr den brotlosen Künstlern hin und wieder mit Geld unter die Arme griff.

Die Währungsreform eröffnete ganz neue Möglichkeiten. An Trude Herr verwirklichten sie sich erst einmal »leibhaftig«: Sie wurde dick. »Ich aß wie ein Scheunendrescher. Meine Freunde ermunterten mich dazu.« ›Ein Leben lang hast du Hunger gehabt – jetzt iß.‹« Schon hier zeigte sich, welche Konsequenzen es hatte, daß sie für die Befriedigung ihrer natürlichen Regungen kein Maß und kein Ziel kannte. Das galt auch für ihr Unmaß beim Zigarettenkonsum. Vernunft war nicht ihre Stärke.

Vernunft war auch nicht im Spiel, als sie und Gustl Schellhardt beschlossen, ein eigenes Theater zu eröffnen. Die Ratschläge Willy Millowitschs schlugen sie in den Wind, obwohl sie aus guter wie aus schlechter Erfahrung bestätigt waren. Die Millowitschs waren nicht nur gute Komödianten, sondern auch erfahrene Geschäftsleute, die die Risiken einschätzen konnten, die solche Unternehmungen in sich bargen. 1949 gerieten sie selbst in eine finanzielle Krise und mußten ihr Theater vorübergehend schließen. Statt untätig auf bessere Zeiten zu warten, gründeten Schellhardt und Trude die »Kölner Lustspielbühne«, die von der »Notgemeinschaft Arbeitsloser Künstler« getragen wurde. Verantwortlich waren aber nur Trude Herr und Gustl Schellhardt.

Das neue Theater fand – wie Trude später erzählte – im »Belgischen Haus« und in der »Flora« repräsentative Bühnen, aber die Auftritte dort waren allenfalls Sternstunden. Nicht mehr gesprochen wurde später von der Hauptspielstätte: einer kalten Baracke bei einem Kohlenhändler irgendwo in der Stadt. Genau wie bei Millowitsch spielte man nachmittags Kinderstücke und abends Schwänke. Der Zulauf war gut, doch die ungeübten Jungunternehmer merkten nicht, daß zahllose Zuschauer für ihre schönen Stunden nicht bezahlt hatten. Schließlich war kein Geld mehr da, und auch das Finanzamt hielt die Hand auf. Damit war die hoffnungsvolle Geschichte der »Kölner Lustspielbühne« zu Ende. Alles, was

Trude und Gustl sich aufgebaut hatten, ging verloren, und es blieben noch einige Schulden übrig. Dafür kamen teilweise Mutter Agathe und Schwester Agi auf; die Mutter, weil sie sich aus den Entschädigungszahlungen und dem Einkommen des Vaters dies und das auf die Seite gelegt hatte, und die Schwester, weil ihr Speditionsgeschäft gut lief.

Damit endete der erste Anlauf zu Trudes Karriere. Gustl Schellhardt verdingte sich vorerst als Nachtportier, und Trude Herr ...

Der zweite Anlauf

Die »Barberina«

Zuerst war Trude arbeitslos, und es war nicht absehbar, ob sich die Lage ändern würde. Diesen Zustand wollten ihre Eltern aber keinesfalls dulden, da die Erinnerung an die schlimme Arbeitslosigkeit des Vaters während der Weltwirtschaftskrise noch zu frisch war. Andererseits war Trudes Situation nicht vergleichbar: In der jungen, aufstrebenden Bundesrepublik konnte man arbeiten, wenn man wollte. Das sah nach einigen familiären Debatten auch Trude so, und mit dem Wort »vorläufig« auf den Lippen beschloß sie, in die Gastronomie zu gehen, weil da – Geschicklichkeit und Arbeitseinsatz vorausgesetzt – schon immer gutes Geld zu verdienen war.

Nun wäre Trude nicht Trude gewesen, wenn sie sich ein bürgerliches Café ausgesucht hätte, in dem sie in weißem Schürzchen und mit Spitzenhäubchen älteren Damen Sahnetorte serviert hätte. Auch eine biedere Kneipe tat es nicht. Das wäre ihr zu öde gewesen, und die Aussichten auf gute Trinkgelder waren zu trübe. Sie entschied sich für eines der unbürgerlichsten Etablissements der Stadt. Es lag im ersten Stock des Hauses an der Ecke Hohe Pforte/Waidmarkt.

Der Name der Lokalität war »Barberina«. Er bezog sich auf die berühmte Tänzerin des 18. Jahrhunderts, mit der sogar Friedrich der Große ein

Verhältnis gehabt haben soll. Das wiederum soll darauf beruht haben, daß die Barberina Beine hatte wie ein Mann. Diese Anspielung auf Homoerotisches war den Betreibern des Lokals, dem Ehepaar Maria und Joseph Braun, bewußt gewesen, als sie den Namen auswählten. Er sollte eine Signalwirkung haben. Ihre »Barberina« war ein vornehmlich von Schwulen bevorzugtes Nachtlokal, das sich allerdings gegen das »Milieu« von leichten Mädchen und Freiern nicht eindeutig abhob. Zur Gästeschar gehörten Künstler, die die Freiheit des Unkonventionellen schätzten, und Söhne aus besseren Häusern, die hier die Wonnen der Gewöhnlichkeit suchten. Die »Barberina« deshalb als »Künstlerlokal« zu bezeichnen, wäre etwas zu hoch gegriffen.

Für Trudes Mutter Agathe, die sonst ein großes Herz und viel Verständnis für die Ambitionen ihrer Tochter hatte, war diesmal eine Grenze überschritten. Mit empörter Stimme wies sie die Tochter zurecht: »Un wann ich putze jingk, do jing ich nit hin!« (Und wenn ich putzen ginge, da ginge ich nicht hin!) Worauf Gustl Schellhardt protestierend zurückfragte: »Soll Trudes Talent denn am Putzeimer verkümmern?!« Aber auch Schwester Agi, die das Lokal bis dahin nur vom Hörensagen kannte, unkte: »Wenn das Talent nur nicht in der Barberina verkümmert!« Trude setzte sich über alle Einwände hinweg und wurde »Bardame«. Es brauchen allerdings keine Zweifel aufzukommen: Ihre Aufgabe war es nicht,

Männer anzumachen – die meisten hätten sich ja ohnehin nichts aus ihren Reizen gemacht.

Da der Paragraph 175 (Unzucht zwischen Männern) noch galt, verkehrten hier – juristisch betrachtet – Kriminelle. Nicht einmal zehn Jahre zuvor, unter Hitler, waren diese Männer noch ins Moor geschickt worden, wo viele von ihnen ums Leben gekommen waren. Da ihnen die Gesellschaft und die Mühlen der Justiz auch in der jungen Demokratie noch mit größten Gefahren drohten, bildeten sie nach wie vor eine Schicksalsgemeinschaft, in der ein anderer Umgang und ein anderer Zusammenhalt üblich war als in der bürgerlichen Welt mit ihren Spielregeln, Ritualen, Konventionen, Abgrenzungen und Berührungsängsten.

Bedeutsam für Trudes eigenes Leben war die Erfahrung, daß die meisten Gäste ein Doppelleben führten. Im täglichen Leben waren die Männer völlig angepaßt und hofften, von ihrer Umwelt nicht entdeckt zu werden. In diesem Lokal war es genau umgekehrt: Hier konnten sie sich zugeben, sie selbst sein, und alle gesellschaftlichen Epauletten waren nichts mehr wert. Das führte zu einer merkwürdigen Umkehrung der Verhältnisse: Die bürgerliche Welt, die sich selbst immer als »heil« und »human« verstand, war von hier aus betrachtet eine tückische Gefahrenzone. Wenn man auffiel – und nur dann! – wurde man zum Kriminellen. Demgegenüber wurde die Welt der »Kriminellen« in der »Barberina« zum Ort der

Anfang der fünfziger Jahre als Bardame in der »Barbe-rina« mit dem Vater von Gigi Herr.

gesellschaftlichen und menschlichen Wahrheit. Was sich hier zu Beginn der fünfziger Jahre an Träumerei und Frust, an Trieb und Gefühl, an Größe wie an Niedertracht, an Tragik, Komik und Groteske zusammenballte, war schon einmalig. Keine Frage: Hier verkehrte nicht die »vornehme Gesellschaft«, die Trude noch einige Jahre zuvor im »Theater am Vorhang« gemimt hatte. Vieles aber von dem, was sie später als Komikerin karikierte, hat sie in der »Barberina« erlebt. Um die Atmosphäre ein wenig bildhaft zu machen, sei wenigstens eine der vielen Anekdoten wiedergegeben, an die die Überlebenden von damals sich noch heute erinnern und worüber sie noch oft Tränen gelacht haben:

Ein leichtes Mädchen kam herein, betrat provokativ die Tanzfläche und fing an zu tanzen. Beim Drehen im Kreise konnte man erkennen, daß sie ihre Strümpfe mit Einmachgummis befestigt hatte. Da das Mädchen fremd und deshalb noch nicht akzeptiert war, ergriff die Wirtin, Maria Braun, die Gelegenheit, die Kleine hochzunehmen. Mit der Stimme einer aus höheren Kreisen gefallenen Tochter tönte sie: »Frolleinche, inne fallen de Prumme us em Jlas.« (Fräulein, ihnen fallen die Pflaumen aus dem Glas.) Schallendes Gelächter.

Die Kleine reagierte wie erwartet und machte die Wirtin an: »Du ahl Hur!«

Die Wirtin hatte einen großen Strauß Gladiolen vor sich stehen. Den packte sie mit beiden Händen und schlug ihn dem Mädchen im Takt des folgenden Satzes mehrere Male auf den Kopf: »Ich – bin – doch – kei-ne Hu-re!« Die Zigarettenverkäuferin – ein »kesser Vater« von beachtlicher Körperfülle und mit grabestiefer Stimme – versuchte die Situation zu bereinigen. »Maach, datte fottküss!« (Mach, daß du fortkommst!) Sie packte das Mädchen am Gürtel und wollte es hinausdrängen. Doch das Mädchen drehte sich um sich selbst und taumelte auf die Wendeltreppe zu.

Nunmehr wendete sich das Blatt. Maria Braun schrie plötzlich besorgt und hochdramatisch: »Paß op, dat fällt sich zo dut!« (Paß auf, die stürzt sich zu Tode!) Einer der Gäste ergriff in letzter Sekunde das Mädchen, um es vor dem Treppensturz zu bewahren. Dabei riß er ihm aber den Rock herunter, so daß es plötzlich »unten ohne« dastand. Die Gäste johlten vor Vergnügen, das Mädchen schäumte vor Mut, aber die Wirtin und der »kesse Vater« wickelten sie in eine Tischdecke und nähten das Röckchen mit ein paar Stichen wieder zusammen. Danach herrschte Frieden, und das Mädchen wurde akzeptiert.

Trude Herr hat ihre Zeit in der »Barberina« nie verleugnet und dem Lokal auch noch die Treue gehalten, als sie dort schon längst nicht mehr arbeitete. In gutgelaunten Stunden plauderte sie später immer wieder aus ihren Erinnerungen und lachte Tränen über dieses merkwürdige Menschengemisch, das sie dort erlebt hatte. Sie liebte die »Barberina« als Ort prallen Lebens, das grell, direkt und mitunter auch brutal war. Ihre Erfahrungen klangen noch Jahrzehnte später in einem ihrer ernsten Lieder nach:

Mieschtens wor ich avjebrannt,
Mänchmol ben ich durchjebrannt,
Wor jet frech un och jet stur,
Doch nie wor ich en Hur.

Ich weiß, wie mer arbeit,
Wie mer laach und wie mer fiert,
Ävver wie mer Klinke putz,
Dat han ich nie jeliehrt.
Mer nimp doch kei Jeld aan – för Liebe!

(Meistens war ich abgebrannt,
Manchmal bin ich durchgebrannt,
War ein wenig frech und auch mal stur,
Doch nie war ich eine Hur'.

Ich weiß, wie man arbeitet,
Wie man lacht und wie man feiert,
Doch Klinkenputzen habe ich nie gelernt,
Man nimmt doch kein Geld – für Liebe!)

Faßt man alle Gesichtspunkte einmal zusammen, so war die »Barberina« für Trude Herr eine positiv bewertete Zone vor oder außerhalb der bürgerlichen Welt. Dieses Motiv taucht in verschiedenen Abwandlungen im Laufe der Jahre und Jahrzehnte in Trudes Leben immer wieder auf. In

Schön traurig! Porträtstudie des Fotografen Peter Fischer, Studioaufnahme, um 1960.

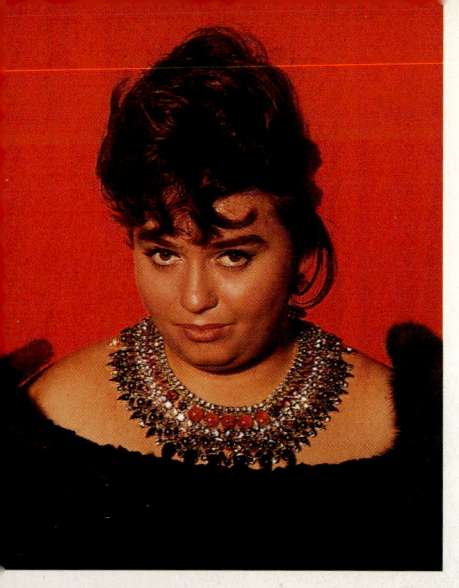

Links: Bin ich et, oder bin ich et nit?! Porträtstudie von Peter Fischer, um 1960.

Unten: Morgens bin ich immer müde. Porträtstudie von Peter Fischer, um 1960.

Mir jeht et jut! Das erfolgreiche Allround-Talent vor dem eigenen Theater, 1978.

Man kann nie genug für seine Schönheit tun! Die »Kosmetik-Szene« aus »Scheidung auf kölsch«, 1981.

Eine Musikeinlage ist die halbe Miete! Als Katharina Engel in »Scheidung auf kölsch«, 1981.

Linke Seite: Wat man hat, soll man zeigen! Die Karnevals-präsidentengattin aus »Auftakt zur Session«, 1980.

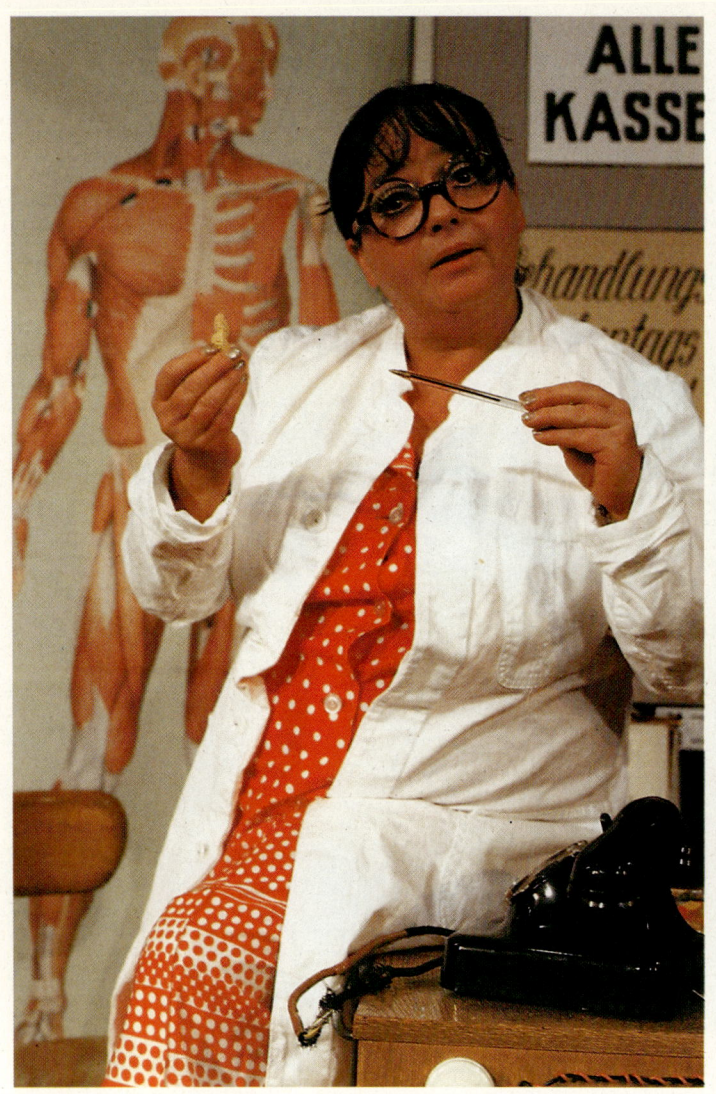

*Nicht alles, was angenehm ist, ist auch medizinisch gebo-
ten. Die Masseuse Dora Denz.*

Na, wer is die Schönere? Dora Denz entdeckt an sich ganz neue Seiten. »Massage-Salon Denz«, 1979.

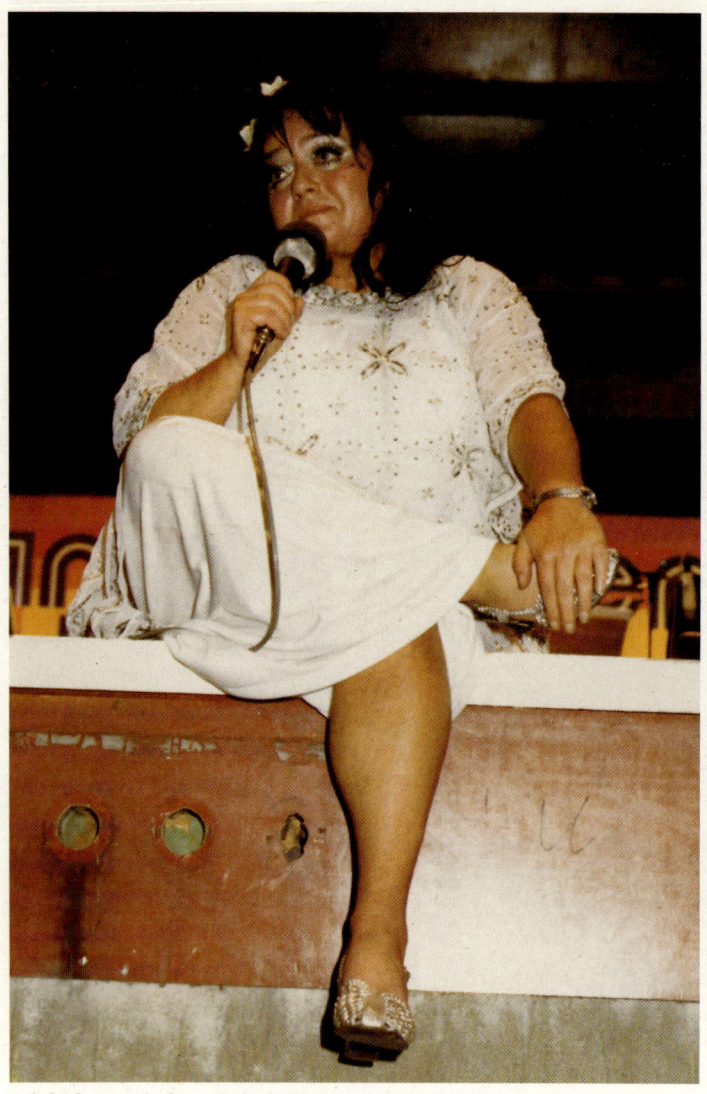

Ich habe nach der »Schokolade« noch sehr viel anderes gemacht. Als Sängerin im Rheinpark, Köln 1981.

der »Barberina« betrat sie erstmals eine konkrete Gegenwelt zur offiziellen Zivilisation; diesen Weg ist sie dann konsequent weitergegangen.

Aufbruch über den Karneval

Während ihres »vorläufigen« Lebens als Barfrau verlor Trude weder ihre Ziele aus den Augen, noch verkümmerte ihr Talent hinter dem Tresen. Im Gegenteil! Es bereicherte sich noch. Die Frage war nur, auf welchem Weg sie weiterkommen konnte. Die Antwort ließ fast drei lange Jahre auf sich warten. Dann ergab sie sich aus einem Zufall: Im Winter 1953 sah sie erstmals im Fernsehen eine Büttenrede.

Die Herrs – auch Trude – hatten bis zu diesem Zeitpunkt noch keinen Einblick in den großen bürgerlichen Sitzungskarneval gehabt. Dafür waren die Verhältnisse zu schlecht und die Familie Herr zu arm gewesen. Das, was man im Fernsehen sehen konnte, fand Agi außerordentlich dürftig. Spontan kam sie auf die Idee, daß Trude doch auch »in die Bütt« gehen könnte. »So gut wie die anderen bist du immer!« Die Idee fiel bei Trude und Gustl auf fruchtbaren Boden, und sie tüftelten zusammen eine Büttenrede aus.

Die Type, die sie schufen, hieß: en Wunderkind.

»Das Wunderkind« im Karneval, 1955.

Das war ein etwas unbedarftes, dickes, kölsches Mädchen, das seine Erlebnisse als Nachwuchs-filmstar zum besten gab. Sie gab vor, zwischen Hollywood und Venedig mit allen Stars auf Du und Du zu stehen. Der Witz ergab sich daraus, daß das Mädchen mit pfiffiger Beschränktheit alles Neue, dem es begegnete, nur in ihrem beschränkten Horizont verstand und deutete. So kommt sie zum Beispiel zur »Biiienen-Allee« (Biennale) nach Venedig, wo sie bei einem »Boots-Verleih« eine »Jundula« (Gondel) mieten will. Als der Gondoliere »due Lire« sagt, empört sie sich: »Erstens verbitte ich mir dat ›du‹, und zweitens will ich dat nit liehre (lernen); ich kann schon Kaaaahn faaaaahre!«

Es hat wenig Zweck, einen solchen Text hier vollständig wiederzugeben, weil er wesentlich von dem genialen Vortrag Trude Herrs lebte – von ihrer Sprache, ihrem Tonfall, ihrer Gestik, ihrer Mimik und der Selbstironisierung ihrer Körperfülle. Die Art, in der sie beispielsweise die Namen berühmter Filmstars verballhornte, war von nicht wiederzugebender Komik. Der Wortwitz ergab sich weitgehend aus dem kölschen Dialekt. Beispiel: »Do kom auch der Ali Khan, me'm ahle Kahn un singer Bejing.« (Da kam auch Ali Kahn mit dem alten Kahn und seiner Klosterfrau.) Ein wesentliches Element der Rede war eine raffinierte Naivität, die die offizielle Wohlanständigkeit unterlief. Beispiel: Sie bittet die Filmgesellschaft, den Titel »Die Jungfrau von Orléans« in

»Das Mädchen von Orléans« abzuändern, sonst könnten die Leute zu Hause im Severinsviertel dumme Bemerkungen machen.

Zusammen mit Thomas Maraun, mit dem Trude Herr seit der Bauerntingelei beim »Theater am Vorhang« befreundet war, und mit Gustl Schellhardt probten sie in einer schwach beleuchteten Abstellkammer, die über der Millowitsch-Bühne lag, den Vortrag. Schellhardt war der Regisseur, Maraun verkörperte das »Publikum«. Wenn er lachte, waren die beiden anderen zufrieden. Maraun ist bis in die Zeit des »Theaters im Vringsveedel« Trudes erstes »Publikum« geblieben. So hat er oft darüber entschieden, was die Zuschauer später zu sehen bekamen oder was vorher schon aus den Stükken herausfiel. Außerdem verfügte er über einen vorzüglichen kölschen Wortschatz. Sein Vater arbeitete in der Markthalle, die – wie Toni Steingass damals sang – als »kölsche Hochschull« anerkannt war.

Der Bühnentyp

Rückblickend ist die erste Büttenrede nicht nur ein Zeugnis für das Naturtalent von Trude, sondern noch viel mehr eines für ihre professionelle

Arbeitsweise, die Gustl Schellhardt ihr beigebracht hatte. Sie hatten ein Thema gefunden, das
in der Luft lag (Glamourwelt des Films), hatten
die komische Komponente entdeckt, die Trude
unvergleichlich gut verkörpern konnte (dickes
selbstbewußtes Dummerchen), und hatten sich
dann sehr diszipliniert nur auf Thema, Typ und
Vortragsstil konzentriert.

Diese Büttenrede wurde nicht nur zum Meilenstein der äußeren Lebenslinie, sondern auch die
eigentliche Keimzelle der künstlerischen Entwicklung. Denn darin wurde der Typ festgelegt,
mit dem Trude Herr berühmt werden sollte. Man
darf mit Fug und Recht behaupten, daß der Erfolg, den sie später hatte, so etwas wie ein Kind
der Gemeinsamkeit von ihr und Gustl Schellhardt
war. Dies erklärt teilweise, warum die Verbindung auch dann weiterbestand, als der schöpferische Funke erloschen war, und warum Schellhardt sich später immer stärker auf philosophi-
sche Betrachtungen zurückzog und seinen Lebensunterhalt aus den Gageneinkünften von
Trude bezog.

Trotz allen Blödsinns, über den man heute noch
herzlich lachen kann, liegt in der ersten Büttenrede und der Definition des Bühnentyps aber
auch der Keim ihrer späteren Tragik: Trude Herr
war in Wirklichkeit intelligent, sensibel, wissens-
hungrig, wandlungsfähig, schöpferisch, engagiert und kritisch, aber das konnte dieser Typ
nicht deutlich machen. Präzise an dieser Stelle

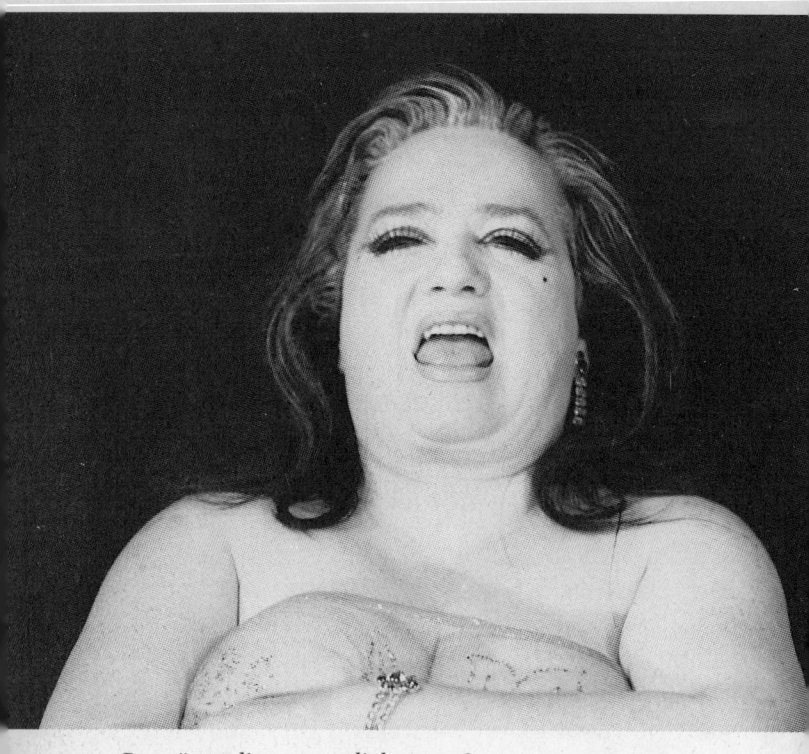

Porträtstudie, vermutlich um 1980.

entstand die Kluft zwischen öffentlicher (Büh-nen-) Existenz und privater Persönlichkeit. Sie haben nie wieder zusammengefunden.

Der Lohn dieser Selbstverleugnung war der Er-folg. Der Typ, den Trude verkörperte, war ja nicht völlig erfunden; er war ein Stück von ihr. Außer-dem traf er zwei Nervenpunkte ihrer Zeit: Einer-seits hatten präzise die »abgeblendeten« Teile von Trudes Persönlichkeit im neubürgerlichen Adenauerstaat keinen öffentlichen Stellenwert; andererseits begann die neue, junge bundesre-publikanische Gesellschaft über die begrenzte Welt ihrer Väter hinauszuwachsen – sowohl über die bürgerliche wie über die nationale. Die Mög-lichkeiten der kulturellen Teilhabe durch Film und Fernsehen nahmen rapide zu, ebenso konnte eine lange aufgestaute Reisefreudigkeit ausgelebt werden (besonders in den Mittelmeer-ländern). Hier begegneten die jungen Deutschen anderen Völkern, Gesellschaften und Zivilisatio-nen, deren Sitten, Bräuche und Eigentümlichkei-ten sie zunächst nur aus dem Blickwinkel des bis-her Bekannten verstanden.

Trude Herr hat später darunter gelitten, daß sie auf diesen ersten Typ immer wieder festgelegt wurde. Sie hat die Unterhaltungsindustrie dafür verantwortlich gemacht und immer wieder dage-gen revoltiert, weil sie sich weitaus mehr zutraute. Aber es nützte ihr nicht viel. In ihrer Zeit wurden die verschiedenen Kulturbereiche »Karneval«, »Unterhaltung« und die eigentliche

»hohe Kultur« mit magischen Bannmeilen umgeben. Wer es gewagt hatte, im Karneval aufzutreten, war in der Unterhaltungskultur geächtet; wer in dieser Erfolg gehabt hatte, wurde im Allerheiligsten der »hohen Kultur« nicht mehr zugelassen. An diesen Grenzen, die nur als intellektueller Hochmut zu begreifen sind, hat Trude Herr entscheidende Niederlagen hinnehmen müssen.

Dennoch war ihr Revoltieren teilweise auch falsch. Erstens war ihr der Typ auf den Leib geschneidert und also nicht ganz so verschieden von ihrer Persönlichkeit. Zweitens hat sie ihr Leben lang keinen überzeugenden Versuch unternommen, diesen Typ als Unterpfand ihres Erfolges aufzugeben und sich als Bühnendarstellerin neu zu definieren. Viele Freunde und Bewunderer haben in späteren Jahren bedauert, daß aus Trude Herr keine »Mutter Courage« wurde. Von dieser Rolle träumte sie selbst sogar.

Sie verweigerte sich der Einsicht, daß sie einen anderen Bühnencharakter nur mit einer neuen, außerordentlichen künstlerischen Anstrengung hätte durchsetzen können. Einen Nachfolger für Schellhardt, der mit ihr eine neue Karriere erarbeitet hätte, hat es aber in ihrem Leben nicht mehr gegeben. Nie wieder hat sie sich so bereitwillig in die Hände eines Lehrers oder Regisseurs begeben. Also war sie in ihrem Wesen nicht wirklich eine Schauspielerin, die in verschiedene Gestalten schlüpfte, um sie zur Bühnenwirklichkeit werden zu lassen, sondern sie wurde ein Star, der im Prinzip nur einen Teil von sich selbst spielte.

In der Bütt

Im Herbst 1954 bot Trude Herr ihre Büttenrede den Karnevalisten an. Die »Literaten«, wie man in Köln die Programmgestalter der Sitzungen nennt, verhielten sich wie jedem Neuling gegenüber: zunächst einmal reserviert. Sie sahen sich einer ganz ungewohnten Situation gegenüber. Erstens war Trude eine Frau, und das hatte es in der Bütt der großen Gesellschaften noch nicht gegeben. Zweitens kann man aus niedergeschriebenen Texten sowieso nie erschließen, ob ein Vortrag ankommt oder nicht – besonders, wenn der Vortragende noch keine Erfolge nachweisen kann. Und drittens legte Trude Wert darauf, nicht »in de Bütt« gesteckt zu werden. »Ich will da nicht rein«, trotzte sie. »Da ist doch die halbe Figur weg.« Sie setzte sich durch und tat, was sie für richtig hielt. Dabei zeigte sich, daß sie mehr Theaterinstinkt hatte als die Literaten.

Trotz der Schwierigkeiten merkten sie aber rasch, daß Trude etwas Außerordentliches bot. Bereits in der ersten Session erhielt sie über fünf-

»Das Besatzungskind«, im Karneval 1956.

zig Engagements. Das Publikum in den Karnevalssälen jubelte, Trude und Gustl fühlten sich bestätigt; sie hatten auch mehr Geld verdient, als Trude in Monaten in der »Barberina« hätte verdienen können. Es war völlig klar, daß sie für das darauffolgende Jahr eine neue Rede austüftelten. Der Typ war diesmal: en Besatzungskind.

Als »Besatzungskinder« – auch »Negerkinder« – bezeichnete man seinerzeit die Sprößlinge, die aus der flüchtigen Liebe der Besatzungssoldaten nach dem Krieg entstanden waren. Damit hatten Trude Herr und Gustl Schellhardt wieder einen sensiblen gesellschaftlichen Nervenpunkt von entsprechend hohem Unterhaltungswert aufgespürt. Die Ausgangssituation mit ihrer Komik war noch einmal dahingehend zugespitzt worden, daß der Soldatenvater ein schwarzer Amerikaner gewesen war. Bereits beim ersten Satz tobte der Saal: »Weil meine Mutter eso jern amerikanische Schokelad jejessen hat, bin ich eso schwarz jeworden ... An minge Vatter kann ich mich nur noch janz dunkel erinnere.«

Trude hatte noch eine Idee, die zunächst ebenfalls auf zähe Ablehnung stieß. Sie wollte nach ihrer Rede ein Lied singen. »Entweder Red' odder Leed«, sagten Präsidenten und Literaten. Doch Trude setzte sich auch diesmal durch: »Laßt doch das Publikum entscheiden!« Und so sang das »Negerkind« ein Lied, das nicht komisch, sondern eher gefühlvoll war:

O lulula, o lulula, o leila,
Su sung för mich ming Mami.
O lulula, o lulula, o leila,
Kind, di Vatter wor ene Ami.
Jo, do kammer doch nu eimol nix dran maache,
Jo, do kammer doch nur kriesche odder laache.
Un ben ich och e schwaz Jeblöt,
Ich han trotzdem e kölsch Jemöt.

(O lulula, o lulula, o leila,
So sang für mich meine Mami.
O lulula, o lulula, o leila,
Kind, dein Vater war ein Ami.
Ja, daran läßt sich nun einmal nichts ändern,
Ja, da kann man doch nur weinen oder lachen.
Und bin ich auch ein schwarzes Geblüt,
Ich habe trotzdem ein kölsches Gemüt.)

Als die Melodie verklungen war, hatten viele im Saal feuchte Augen. Sie enthielt eine für die damalige Zeit ungewöhnliche Botschaft, die sich im heutigen Sprachgebrauch so anhören würde: Es sagt nichts über den Charakter eines Menschen aus, wenn er einer Minderheit angehört. Auch damit war ein Motiv angeklungen, das sich durch das ganze spätere Schaffen Trude Herrs zog.
Zur Session – es war das Jahr 1956 – veranstaltete der Westdeutsche Rundfunk in Köln einen »Wettstreit der rheinischen Nachwuchskarnevalisten«. Trude meldete sich mit ihrem schwarzen »Besatzungskind« und erzielte einen triumpha-

len Erfolg. Die Veranstaltung wurde live übertragen. Horst Schubert beschrieb im »Kölner Stadt-Anzeiger« das Ereignis so:

»Was aus den Radios tönte, sprengte den landläufigen Begriff von einer karnevalistischen Büttenrede. Hier quollen so offensichtlich echte tragikomische Töne aus einem übervoll mit komödiantischem Blut angereicherten Herzen, daß der Wettstreit eigentlich schon entschieden war, ehe er recht begonnen hatte. Hier hatte sich ein Stück Kunst mit kölschem Klamauk vermählt. Es schlichen sich zudem sentimentale Töne ein, die man glaubte, von Sitzungen fernhalten zu müssen. Heute gibt es Fachleute, die Trude Herr chaplin'sche Nuancen nachsagen, die erkennen wollen, daß ihr Witz in der Tiefe menschlicher Unzulänglichkeit gründet und ihre schauspielerische Kraft ausreicht, die Tragik des Lebens mit warmblütigem Humor zu umgeben. Kein Zuhörer wird jedenfalls leugnen, daß Trude Herr in ihren besten Stunden vermag, die Augen feucht und die Mundwinkel lächeln zu machen.«

Der »Kaiserhof«

Die Bütt war natürlich kein echtes Ziel für Trude Herr, sondern nur ein Mittel zum Zweck. Sonst hätte sie sich damit abfinden müssen, nur zwischen Silvester und Aschermittwoch gefragt zu sein. Für den rein karnevalistischen Vortragskünstler ist das auch die Regel. Im paradiesischen Urzustand, als es eine »Gage« noch nicht einmal dem Begriff nach gegeben haben soll, traten die Volkskünstler nur kostenlos im eigenen Bekanntenkreis auf. Später änderte sich das, aber die Gagen aus dem Karneval waren nur ein Zubrot zu den Einkünften aus einem bürgerlichen Beruf. Daß professionelle Künstler im Karneval auftraten, war eher die Ausnahme.

Als Trude Herr Mitte der fünfziger Jahre in die Bütt stieg, hatte sich schon ein Austausch mit der allgemeinen Unterhaltungskultur des Karnevals entwickelt. Es gab Agenturen, die auf der einen Seite die Belange von Karnevalskünstlern vertraten, die dafür andererseits den Agenturen außerhalb der närrischen Zeit für Unterhaltungsveranstaltungen zur Verfügung standen.

Nach dem Zweiten Weltkrieg wurden Karnevalsveranstaltungen nicht mehr nur von den traditionellen Gesellschaften, sondern auch von den Agenturen organisiert. Großen Erfolg hatten die mittlerweile untergegangenen Karnevalsrevuen, die auf der Bühne des legendären »Kaiserhofs« stattfanden. Später entstand aus derselben Konstellation die karnevalistische Massensitzung der »Lachenden Sporthalle«.

Trude war klug beraten, sich gleich beim ersten Erfolg in die Hände eines erfahrenen Managers

Grete Fluss, »Kaiserhof« 1957.

zu begeben. Dies war Hermann Ahrens, mit dem sie bis an ihr Lebensende verbunden blieb. Ahrens war Mitarbeiter der Rheinischen Künstleragentur Ludwig H. Westkamp. Westkamp wiederum war der Ehemann von Grete Fluss, die damals noch die gefeierte Königin der Kölner Unterhaltungsszene war und als Exportartikel für besten rheinischen Humor auf allen großen Varietébühnen des deutschsprachigen Raums auftrat. Die Karnevalsrevuen im »Kaiserhof« waren auf sie zugeschnitten. Sie hießen in den letzten Jahren ihres Bestehens: »Alles verdötsch«, »Kölsch Thiater«, »Heidewitzka«, »3 x 0 is 0«, »Spaß an der Freud«, »Stell dich jeck«.

Als Trude mit ihren ersten Büttenreden Triumphe feierte, nahmen Ahrens und Westkamp sie nicht nur juristisch unter die Fittiche, sondern engagierten sie auch für ihre Kaiserhofrevuen. Da diese ganz locker zusammengestellt waren, konnte Trudes Büttenrede leicht darin eingebaut werden, ebenso eine Rolle, die dem »Typ« entsprach, den Trude Herr anbot. Die Programmzettel vermerkten sie zum Beispiel als »Frau aus dem Hause«, als »Eulalia« im Anstandskränzchen von 1900, als »Frau Ungleich« oder »Putzfrau vom Dienst«. Übrigens taucht neben ihr auch der Name Gustl Schellhardt auf – sowohl als Schauspieler wie auch als Autor. In der Revue »Stell dich jeck« legten Trude und Gustl unter anderem eine Parodie auf den »Kulturtanz 1957« auf die Bretter: einen Rock'n'Roll.

Trude Herr (rechts) mit Grete Fluss, 1957.

Daß Ahrens und Westkamp Trude Herr in die Revuen übernahmen, spricht für ihren Instinkt. Grete Fluss und Trude Herr waren sich vom Typ her außerordentlich ähnlich: beide dick und temperamentvoll, beide mit schlagfertiger kölscher Schnauze und beide beim Publikum beliebt. Es drang zwar nichts nach außen, aber es läßt sich unschwer vorstellen, daß zwischen den beiden Darstellerinnen eine gewisse Rivalität programmiert war. Und nicht selten fühlten sich die Musiker durch diskrete Wünsche der Künstlerinnen unter Druck gesetzt.

Offene Feindseligkeiten gab es indessen nie – schon aus dem Grunde, weil Grete Fluss' große und unanfechtbare Karriere sich langsam ihrem Ende zuneigte. 1957 nahm sie ihren Abschied von der Bühne. Sie erkannte die Begabung der Jüngeren auch uneingeschränkt an (sonst wäre es gar nicht zu den gemeinsamen Auftritten gekommen). In der letzten Revue ging Grete Fluss sogar so weit, als »Königin« ihre »Kronprinzessin« zu präsentieren: Trude Herr. Eigentlich schwelgte Köln in dem glücklichen Gefühl, daß ein großes Talent in den Startlöchern stand, um die Nachfolge der beliebten Grete anzutreten.

Jede andere junge Künstlerin wäre überwältigt gewesen, derart von der gefeierten Altmeisterin bestätigt und aufgewertet zu werden. Trude sah das anders. Sie wollte keine Nachfolgerin sein, sie fühlte den Abstand einer Generation, und sie wollte sowieso immer etwas anderes. Sie revoltierte nicht offen dagegen, aber in der Folge lehnte sie es stets ab, mit Grete Fluss verglichen zu werden. Das hatte – betrachtet man ihren Lebenslauf – verständliche Gründe: Der »Kaiserhof« war ähnlich wie die großen Karnevalssäle eine gediegene, exklusiv-bürgerliche Welt, die noch mit dem ausgeglichenen Selbstbewußtsein lebte, das erst von der achtundsechziger Bewegung erschüttert werden sollte. Nie zuvor hatte Trude in solchen Kreisen verkehrt, und nie in ihrem Leben hat sie sich wirklich darin wohl gefühlt.

Auch Grete Fluss stammte aus denkbar einfachen Verhältnissen, aber sie war in die Welt, die

Gesellschaftsleben im »Kaiserhof«, 1957. Von rechts: Hermann Ahrens, Trude Herr, Ludwig H. Westkamp, Gustl Schellhardt, Martha Ahrens, Kaiserhof-Pianist Jack Wilbert und seine Frau Annelie.

sie jubelnd aufgenommen hatte, hineingewach-
sen. Eine Alternative dazu gab es zu ihrer Zeit
auch noch gar nicht. Bei Trude war das anders:
Sie wollte keine Welt der Rituale und Konventionen. In der bürgerlichen Wohlgepflegtheit des
»Kaiserhofs« träumte sie von der »Barberina«, in
die sie nach den anstrengenden Tagen immer
noch regelmäßig einkehrte – jetzt als zahlender
Gast.

Die Berührung mit der großen Humoristin Grete
Fluss hinterließ bei Trude jedoch einen Eindruck
fürs Leben. Vergleicht man die Fotografien bei-
der Künstlerinnen, fällt hier wie da eine urtümli-
che komödiantische Lust am Verkleiden auf. Man
sieht Putzfrauen und Diven, Marktfrauen und
Sportlerinnen, Geishas und Texanerinnen. Was
den Umgang mit dem Publikum betrifft, hätte
Trude in keine bessere Schule gehen können als
in die von Grete Fluss.

Die Selbstausbeutung

Trudes Leben wurde anstrengend. Nach den Auftritten im »Kaiserhof« stand ihre Schwester Agi
oder deren damaliger Freund, der Fotograf Chargesheimer, schon mit dem Auto vor der Tür und
fuhr sie noch zu sechs oder sieben anderen Auf-

tritten in die teilweise weit entfernt liegenden Karnevalssäle. Da Trude ihr Lampenfieber nie verlor, war sie nach jedem Auftritt immer in Schweiß gebadet. Während der Fahrt und in der nächsten Garderobe mußte sie sich frisch machen sowie Kostüm und Make-up wieder herrichten. Am Ende dieser Tage war sie körperlich völlig erschöpft und mit den Nerven fertig.

Aber sie schonte sich nicht. Notfalls regulierte sie ihre Leistungsfähigkeit und ihren Wach-und-Schlaf-Rhythmus mit Tabletten. Zigaretten der stärksten Sorte waren ihr ohnehin schon lange ein unentbehrliches Stimulans geworden. Ihr Körper mußte ihr zur Verfügung stehen! Jetzt, da lang Erträumtes endlich möglich war, konnte sie ihm kein Pardon geben. Zu schön war es, gefragt und umjubelt zu werden und endlich Geld in Händen zu halten. »Ich liebe das Geld, weil es Freiheit mir schafft«, hatte Fritzi Massary zu Beginn des Jahrhunderts kokett-ehrlich gesungen. Trude Herr erlebte dieses erhebende Gefühl in den fünfziger Jahren. Noch ein Vierteljahrhundert später klang es im Triumph der Masseuse Dora Denz nach, die glaubt, einen reichen Liebhaber gefunden zu haben:

Ich ben dodurch,
Hück ben ich dran!
Ich weiß, hück maachen ich et Renne –
Als Eschter kumm ich ahn.
Endlich lijjen ich ens richtig,

Wunne nit mieh op der Läuv,
Ich ben wirklich üvverjlöcklich,
Wenn mir dat och keiner jläuv.
Ich ben dodurch,
Ich ben en Dam',
Han schicke Pluuten ahn,
Ne feste Bräutijam.
Ben kei Ömmerjöözje
Un kei Mauerblömche mieh;
Ben wie en Fürstin,
O jo, ich ben en joot Partie.
Ich ben dodurch,
Und ich ben rich,
Fahre jroße Schlitte
Un wunne herrschaftlich,
Un ich han e Himmelbett,
Und ich han jet em Korsett.
Ich ben dodurch!

(Ich bin dadurch,
Heute bin ich dran!
Ich weiß, heut' mache ich das Rennen –
Als Erster komm' ich an.
Endlich liege ich mal richtig,
Wohne nicht mehr unterm Dach,
Ich bin wirklich überglücklich,
Wenn mir das auch niemand glaubt.
Ich bin dadurch,
Bin eine Dame,
Hab' schicke Kleider an
Und einen festen Bräutigam.

Ich bin kein Zuckerpüppchen
Und auch kein Mauerblümchen mehr;
Bin wie eine Fürstin,
O ja, ich bin eine gute Partie.
Ich bin dadurch,
Und ich bin reich,
Fahre große Schlitten
Und wohne herrschaftlich,
Und ich hab' ein Himmelbett,
Und ich hab' was im Korsett.
Ich bin dadurch!)

Der Bruch mit dem Karneval

Jedes Jahr bot Trude Herr eine neue Büttenrede:
Mal kam sie mit Körbchen als dickes Rotkäppchen, mal mit Klunkern behangen als »Madame
Wirtschaftswunder«. Jedes Jahr hatte sie größere Erfolge, begeisterte ihr Publikum und gewann dadurch eine starke Stellung gegenüber
den Literaten. Köln und der Karneval lagen ihr zu
Füßen. Sie hätte – fast – alles haben und machen
können, was sie wollte. Dennoch drifteten der
Karneval und sie sehr rasch und immer weiter
auseinander, bis es 1958 zum Bruch kam.
Nach den vergleichsweise »braven« Reden der
ersten Jahre wurde sie aggressiver. Sie kam als

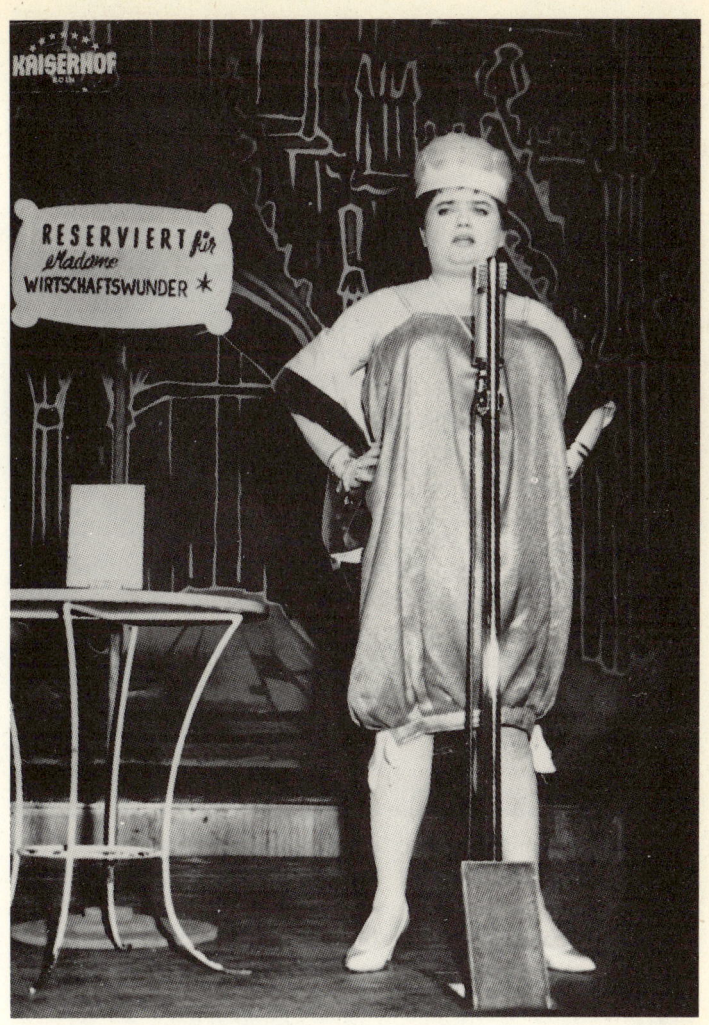

»Madame Wirtschaftswunder«, 1958.

»Gangsterbraut vom Eigelstein«. Der »Eigelstein« – die nördliche Ausfallstraße aus der Alt-
stadt bis zum mittelalterlichen Mauerring – war
eines der schlimmsten Milieuviertel Kölns. Er
galt als »ganz unten«. Damals kannte man noch
nicht den Begriff der »Randgruppe«. Man unterschied nur zwischen »sozial« und »asozial«, und
mit asozialem »Pack« beschäftigte man sich
nicht. Trude hatte weder dem Milieu gegenüber
Befangenheiten noch dem Sitzungssaal gegenüber Hemmungen. Und so berichtete sie in ihrer
Rede »aus dem Leben«. Damit schuf sie von vornherein eine eigentümliche Spannung im Saal, die
sich immer wieder in donnerndem Lachen ent-
lud. Und dann setzte sie musikalisch noch das
Glanzlicht drauf – eine Parodie auf den damals
populären Schlager vom »Ri-fi-fi«:

Jetz setz dä Jeck e Johr em Knass,
Dat kütt, hä hätt nit opjepaß,
Dat Rindvieh-vieh-vieh.
Wor för ze arbeide zo möd
Un för ze klemme vill ze blöd
Dat Rindvieh-vieh-vieh.

(Jetzt sitzt dieser Idiot ein Jahr im Knast,
Das kommt: er hat nicht aufgepaßt,
Das Rindvieh-vieh-vieh.
War zum Arbeiten zu müd'
Und zum Klauen viel zu blöd
Das Rindvieh-vieh-vieh.)

Das war ein Schritt, den nicht mehr jeder mitmachen mochte, und es gab hinter den Kulissen des Karnevals mancherlei wohlanständiges Gemaule. Arme-Leute-Milieu, der Blödsinn von Ungebildeten, ja, das konnte man machen, aber eine »Milieu«-Rede ...? Nein! Trude kam mit dieser Nummer nicht überall gleich gut an. Sie berührte ein peinliches Tabu der neubürgerlichen Gesellschaft. Mit Vorsatz hatte sie zu erkennen gegeben, daß ihr das »Soziale« zu eindimensional war und daß sie das vermeintlich »Asoziale« für bunter, lustiger und auch kreativer hielt. Das »Doppelleben« der Barberina ließ grüßen.

Die Gangsterbraut schuf Klarheit darüber, daß Trude nicht nur mit dem Gesellschafts-Karneval, sondern überhaupt mit der bürgerlichen Welt auf die Dauer nicht zurechtkam. Mit dem »Eigelstein« signalisierte sie, daß sie begonnen hatte, ihr Selbstbewußtsein und ihren künstlerischen Standpunkt am Gegenpol zu entwickeln. In ihrer Rede schwang Gesellschaftskritik mit, und dafür hatten ihre karnevalistischen Kritiker wiederum ein waches Gespür. Da sie später noch weiter ging und sogar die ganze Zivilisation angriff, muß der Bruch, den sie 1958 mit dem Gesellschaftskarneval vollzog, als Meilenstein angesehen werden: Trude Herr hatte sich auf ihren eigenen Weg begeben.

Ihre Reaktion auf die Kritik an der »Gangsterbraut« zeigte das deutlich: Sie wurde aggressiv und bot als Rede für 1959 das Thema »Die Karnevalspräsidentengattin« an. Das war eine bewußte Provokation, die viele Karnevalisten als Schlag ins Gesicht empfanden. Sie mußten befürchten, daß Trude sie als humorlos und eitel darstellen und dabei viele Beobachtungen ausplaudern würde, die sie im Laufe der Jahre gemacht hatte und die so gar nicht zu der Selbstdarstellung paßten, die manche Offizielle boten. Die Karnevalisten gaben ihr zu verstehen, daß sie »vom Fenster weg« wäre, wenn sie diese Rede halten würde.

Trude war wütend: »Die wollen mich lieber als Köchin oder als Dienstmädchen«, polterte sie. »Immer dieselbe Kacke.« Kurz und bündig beschloß sie, das Kapitel Karneval zu beenden. Es gab natürlich auch andere unter den offiziellen Karnevalisten, die ihr Talent würdigten, ihre Kunst schätzten und die ihr Brücken bauen wollten. Aber ihr Temperament ließ keinen Kompromiß zu. Weder für Geld noch für gute Worte war sie umzustimmen. Man mag diese Entwicklung bedauern oder auch nicht. Tatsache ist, daß die beiden Auffassungen von Karneval nicht dauerhaft unter einen Hut zu bringen waren.

Später ist ihre damalige Haltung in eines ihrer schönsten Lieder eingegangen:

Ich sage, wat ich meine, jon ich och dodran kapott,
Schad ich mir och selvs, ich kruffe keinem en de Fott.

Mer hät doch e Hätz noch,
Ne Kopp, e Jewesse,
Un sing Meinung verkäuf mer nit om Maat.

(Ich sage, was ich meine, geh' ich daran auch kaputt,
Schade ich mir auch selbst, ich krieche keinem in den Arsch.
Man hat doch ein Herz noch,
'nen Kopf, ein Gewissen,
Und seine Meinung verkauft man nicht auf dem Markt.)

Das alles bedeutete allerdings nicht, daß Trude dem Karneval für immer adieu gesagt hätte. Sie wandte sich nur ab vom Gesellschaftskarneval, und das tat sie längst nicht so konsequent, wie sie es später gern darstellte. Sie trat auch weiterhin in den Karnevalsrevuen des »Kaiserhofs« auf, später ebenso in der »Lachenden Sporthalle« und in vergleichbaren Veranstaltungen außerhalb Kölns. 1960 lehnte sie – angeblich – ein Angebot, mit O.W. Fischer in Thailand einen Film zu drehen, mit der Begründung ab: »Weil ich zu sehr am Karneval hänge.« Noch 1964 hatte sie einen umjubelten Auftritt als »Cleopatra von Nippes« in der Prinzenproklamation, obwohl gerade diese aus ihrer Sicht der Inbegriff des bürgerlichen Karnevals war. »Ihre Parodie vom ›Liz‹ und vom Filmen war so doll, daß sich ihre Schuhe selbständig machten und ohne Herrchens Beine übers Parkett rutschten«, hieß es in der Zeitung.

Als Puppe im »Hännes'chen«

Ihre Einstellung zum offiziellen Karneval verhärtete sich im Laufe der Jahre immer mehr. In ihrem Einakter »Auftakt zur Session«, der 1980 in der Produktion »Drei Glas Kölsch« im »Theater im Vringsveedel« lief und auch vom Fernsehen übernommen wurde, holte sie satirisch die letzte nicht gehaltene Büttenrede über die Karnevalspräsidentengattin nach. Ihr Urteil über den Gesellschaftskarneval hat sie nie revidiert. Bis zuletzt meinte sie, daß er reformiert werden müsse. Sie sah seine Problematik ähnlich wie die des Volkstheaters, dessen Reform sie sich zur Aufgabe machte.

Ihre spätere Berührungsangst mit dem Karneval nahm indessen gelegentlich sogar groteske Formen an. 1988 kam es zu einem heftigen Streit selbst mit dem »Kölschen Nationaltheater«, der Stockpuppenbühne des »Hännes'chen«. Dort gibt es seit Generationen den Karneval der Puppen, der eine vielbelachte und bejubelte Persiflage auf den offiziellen Sitzungskarneval darstellt: die »Puppensitzung«. Dafür werden seit eh und je prominente Persönlichkeiten des Karnevals und des öffentlichen Lebens als Puppen nachgebildet. Nachdem Trude 1987 ihren langen Abschied von Köln genommen hatte und »für immer« auf die Fidschiinseln abgereist war, entschloß man sich

Als Puppe im »Hännes'chen«, 1988.

im Rahmen der Vorbereitungen zur Puppensitzung, auch Trude Herr als Puppe auftreten zu lassen. Wenige Tage vor der Premiere im Januar
1988 kam Trude aber überraschend doch noch
einmal nach Deutschland zurück, um sich operieren zu lassen. Sie tat es aber nicht still und
heimlich, sondern mit großer Pressekonferenz,
so daß sie sofort wieder in aller Munde war.
Im »Hännes'chen« war man sehr glücklich, eine
solche Aktualität zugespielt zu bekommen. Der
Auftritt der Puppe, der – wie üblich – mit kabarettistischen, wenn auch harmlosen Spitzen gespickt war, wurde vom Publikum bejubelt. Trude

erfuhr davon über die Presse und schäumte vor Zorn. Sie fand es überhaupt nicht komisch, mit dem Karneval in Verbindung gebracht worden zu sein, egal auf welche Weise. Sowohl beim »Hännes'chen« wie beim WDR, der die Sitzung als Fernsehaufzeichnung ausstrahlte, lief sie Sturm, um die Szene aus dem Programm streichen zu lassen. Sie erreichte allerdings nichts.

Der »Rotkäppchen eh Fau«

Fern von allem Offiziellen feierte Trude ausgesprochen gern Karneval. Ihr lag der anarchische Charakter des Volksfestes mehr als der harmlose Frohsinn des Gesellschaftskarnevals. Am liebsten war sie dann in ihrem Freundeskreis, dessen älteste Mitglieder noch aus der Zeit der »Barberina« stammten. Wann immer es möglich war, veranstalteten sie ausgelassene Maskeraden mit tausend Einfällen. Der eigentliche Motor und Organisator war Trudes Schwester Agi.

Einer ihrer schönsten Späße war das Treiben des »Rotkäppchen eh Fau«, mit dem sie den Karneval der vielen Vereine (daher eh Fau = e.V.) parodierten. Der organisierte Teil des Karnevals läuft in Köln nur durch Vereine. Den »Rotkäppchen eh Fau« gab es zwar nicht im Vereinsregister, aber

Der »Rotkäppchen eh Frau« um 1960, vorn (im Schatten) Trude Herr.

er trat im Straßenkarneval immer wieder in Erscheinung. Dazu verkleideten Agi, ihre Tochter Gigi und Trude eine ganze Clique von Männern meist als »Rotkäppchen«, gelegentlich aber auch als »Kommunionskinder«. Zusammen zogen sie durch Kneipen und Säle und brachten die Leute mit ihrem Blödsinn zum Lachen.

Sie gestalteten sogar einen Festwagen, mit dem sie sich in die offiziellen Umzüge am Karnevalssonntag und Rosenmontag einschlichen. Das ist nicht erlaubt, da ist die Organisation sehr streng, weil sonst in den Zügen das Chaos ausbrechen würde. Irgendwo auf einer Straßenecke fädelte sich der Wagen des »Rotkäppchen eh Fau« aber doch in den Zug ein, um an der nächsten Ecke schon wieder rauszufliegen. Dann fuhren sie um den Block, fädelten sich wieder in den Zug ein und flogen an der nächsten Ecke wieder raus. Die Leute am Straßenrand verstanden den Blödsinn sehr schnell und spielten mit, so daß es immer ein Riesengejohle gab, wenn der Wagen mit den Rotkäppchen wieder auftauchte.

Die jecke Bande achtete freilich darauf, daß das alles in der Nähe einer Fernsehkamera geschah. Die Kameramänner gingen auf das lebhafte Treiben immer ein, während die Kommentatoren in den Kabinen ins Schwitzen gerieten; denn in ihren Unterlagen fanden sie nie etwas über einen »Rotkäppchen eh Fau«.

Mit den Jahren, als die Belastungen größer wurden und die Clique langsam auseinanderbrach, wich Trude den tollen Tagen in Köln mehr und mehr aus. Mitte der sechziger Jahre, als sie auf ihren ersten großen Wüstenfahrten war, hatte sie erstmals »keine Zeit für den Fasteleer«. In den achtziger Jahren, als ihr »Theater im Vringsveedel« genau am Zugweg lag, hat sie zwar noch einmal versucht mitzumachen, aber sie fand keinen rechten Spaß mehr daran.

Chancen und Grenzen

Die Varieté-Bühne des »Kaiserhofs« bot Trude Herr eine echte Chance, sich über den Karneval hinaus zu entwickeln. Da das Fernsehzeitalter gerade erst begann, waren diese Bühnen noch Foren der gehobenen bürgerlichen Unterhaltungskultur. Als ein solches Zentrum strahlte der »Kaiserhof« seinerzeit weit über Köln hinaus. Wer hier auftrat, fiel automatisch auch in der ganzen »Szene« auf. Die Programme und ihre Machart standen stilistisch in der Nachfolge der »bunten Abende« der ersten Jahrhunderthälfte: Es gab Humor ohne intellektuelle Klimmzüge, Kabarett ohne politische Aggression, Unterhaltung ohne Belehrung, Akrobatik ohne Rekorde. Trude erkannte ihre Chance und nutzte sie. Sie arbeitete mit Gustl Schellhardt hart an Rollen und

Szenen aus Schellhardt/Herr-Sketchen. »Mambo«.

»Die vertauschten Koffer«.

»Große Oper«.

Auftritten. Dabei entwickelte oder erwarb sie alles, was sich die deutsche Unterhaltungskultur nur wünschen konnte: Sicherheit der Gestaltung und des Spiels, eine vitale Ausstrahlung und einen klar gezeichneten, zeittypischen Bühnencharakter. Als besondere Zugaben brachte sie ihre unverwechselbare Stimme, eine ausgeprägte Mimik und die komische Ausdrucksvielfalt zwischen mitleidheischender Weinerlichkeit und pathetischen Seelenerhebungen ein. Was sie bot, war Kleinkunst, gewissermaßen »Kabarett pur«, denn weder sie noch Gustl Schellhardt wollten literarisch oder politisch sein. Dieser Linie ist Trude im wesentlichen in ihrem ganzen Leben treu geblieben.

Im Vordergrund standen Humor und Unterhaltung. Da die Sketche nicht erhalten sind, kann man nur vermuten, daß Karl Valentin und Liesl Karlstadt oder Pat und Patachon Vorbilder gewesen sein könnten. Die Optik jedenfalls war ähnlich: Trude war klein und dick, Schellhardt war groß und hager. In diesem gegensätzlichen Miteinander war die Komik vorgegeben. Eine Bilderfolge des Fotografen Peter Fischer, die offensichtlich als Werbematerial entstand, zeigt sie in Sketchen mit den Titeln »Mambo«, »Die vertauschten Koffer« und »Große Oper«. Auf dem ersten Bild sieht man die Darsteller in einer Ausstattung, die an das wilde Mexiko erinnert, auf dem zweiten in der Situation »Straßenmädchen und Beschützer«, und die dritte Aufnahme zeigt eine Opernparodie.

Das Publikum war von diesen Darbietungen begeistert. Trude Herr und Gustl Schellhardt wurden Stars – allerdings nur von lokaler Bedeutung.
War der Karneval schon eine Hemmschwelle auf
der Karriereschiene, so war die Mundart eine
Barriere, die den Weg nach draußen und oben
vollends versperrte. Dorthin wollte Trude aber.
Oben sein hieß: Abhängigkeiten abstreifen, frei
sein, Möglichkeiten haben, Träume verwirklichen, selbst entscheiden.
Ihre Sympathie zu Köln war nie ideologisch. Sie
hätte sich nie aus emotionalen Gründen auf die
rheinische Metropole beschränkt, die damals
noch recht provinziell war. Im Gegenteil! Trude
gehörte zu den Menschen, die keine Grenze akzeptieren, die ins Unendliche streben und nur vor
den Schranken der Natur und des Universums
kapitulieren. Es mag komisch klingen, solche Betrachtungen gerade in dem Moment anzustellen,
in dem Trude Herr sich entschloß, die Mundart-
grenze zu überspringen. Aber wenn man bedenkt, wohin es sie später noch drängte, dann erkennt man auch hier schon sehr deutlich eines
der wichtigen Motive ihrer Lebensgestaltung.
Noch in ihrem letzten Lied »Niemals geht man so
ganz ...« singt sie:

»Wer singe Püngel schnürt, söök wo'e hinje-
hührt,
Hätt wie ne Zochvuel nit nur ei Zohuss ...«

(Wer seinen Ranzen schnürt, sucht, wo er hinge-
hört,
Hat – wie ein Zugvogel – nicht nur ein Zuhaus' ...)

Die Fernsehansagerin

1957 schrieb sie mit Schellhardt ihren ersten
Sketch in hochdeutsch: die »Fernsehansagerin«.
Damit gelang den beiden etwas Ähnliches wie
mit ihrer ersten Büttenrede. Sie trafen eine neue,
fast allen Menschen bekannte Situation wie den
Nagel auf den Kopf. Es war die Zeit, als sich das
Fernsehen in der Wirtschaftswundergesellschaft
der Bundesrepublik ausbreitete wie eine Epide-
mie, während die technischen Probleme noch
lange nicht bewältigt waren.
Darauf baute der Sketch auf. Trude spielte hinter einem Fernsehschirm eine Ansagerin, die
mit allen Tücken des neuen Mediums zurecht-
kommen mußte – vom einfachen Geräusch,
über das Flackern, die Verzerrungen, die Bild-
störung – bis hin zum totalen Ausfall von Bild
und Ton. Daß die Ansagerin sich unter dem
Eindruck der vielen Ablenkungen versprach –
»Hier ist der gehässige Rundfunk« (für Hessi-
scher Rundfunk), war noch eine der einfachen
Pointen. Unvergleichlich und urkomisch war

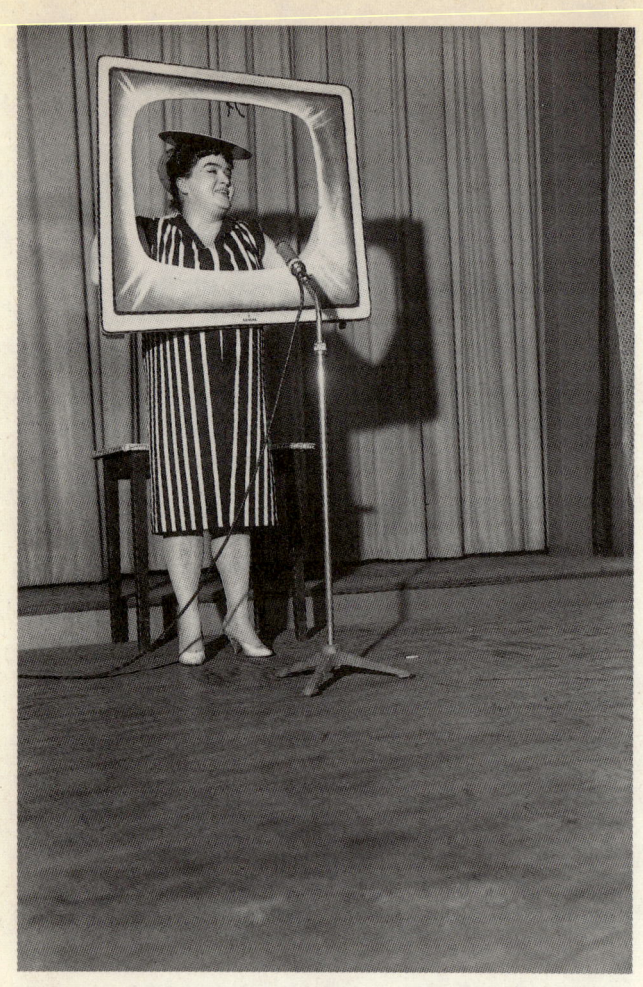

Die Fernsehansagerin, 1957/58.

hingegen ihr Mienenspiel, als sie die Verzerrungen in der Bildzeichnung mimte. Hier zeigten sich die außergewöhnlichen gestalterischen Fähigkeiten, die Trude von Natur aus mitbrachte und die sie durch systematische Übung zu beherrschen gelernt hatte.

Die Wirkung war schlichtweg eine Sensation. Das Publikum raste und wollte die Nummer immer wieder sehen, bis Trude ihrer überdrüssig war. Es hat sie geärgert, diesen Sketch wieder und wieder spielen zu müssen.

Dennoch war er der entscheidende Schritt zur großen Karriere: Willy Schaeffers machte wieder einmal in Köln Station. Er hatte schon im Berlin der zwanziger und dreißiger Jahre vielen Kabarett-Ensembles als Conférencier angehört und leitete nun in Westberlin das »Tingel-Tangel«. Er war in den fünfziger Jahren so etwas wie der Nestor des deutschsprachigen Varietés.

Im Kölner Karneval tat Schaeffers sich nie um, weil er wußte, daß man die Mundartnummern und die spezielle Atmosphäre eines Kölner Sitzungssaals nicht exportieren konnte. Die Varietés und Kabaretts hingegen besuchte er regelmäßig. Im »Kaiserhof« sah er auch Trude Herr mit ihrem Fernsehsketch. Er war hingerissen: »Die ist ja toll!« Und es stand für ihn sofort fest: »Die will ich in Berlin haben.« Mit Hermann Ahrens wurde der Vertrag gemacht, und Anfang September 1958 verließ Trude Herr erstmals Köln, um auf einer der führenden Bühnen des deutschsprachigen Raums mit einem eigenen Beitrag aufzutreten.

Die große Karriere

Die erste Autogrammkarte der Filmschauspielerin.

Der Durchbruch

Nun ging alles hektisch weiter, eigentlich so, wie man sich den Beginn einer Karriere vorstellt. Nur wenige Tage nach ihrer Abreise stand sogar in den Kölner Zeitungen: »Riesenerfolge bei Publikum und Kritik hat in Berlin Trude Herr in Willy Schaeffers ›Tingel-Tangel‹ mit ihrer bekannten Parodie: ›Hier ist das Deutsche Fernsehen‹. Berichte nennen Trude Herr ›eine in der Nachkriegszeit einmalige humoristische Künstlerin‹.«

Das war der Durchbruch. Trude Herr war entdeckt worden! Vor ihrer Garderobentür standen plötzlich die Film- und Schallplattenproduzenten Schlange. Zuerst war es der Filmregisseur Helmut Weiß, der sie vom Fleck weg engagierte. Kurz darauf stand Trude Herr in einem Berliner Filmstudio zum ersten Mal vor einer Filmkamera. Noch während sie drehte, waren die Verträge für die nächsten Filme schon unter Dach und Fach. In der löblichen Selbsteinschätzung, daß sie auf die Anforderungen der nun erreichten Karrierestufe nicht spezialisiert waren, legten Westkamp und Ahrens die geschäftliche Abwicklung der Filmengagements in die Hände der Münchner Agentur »Management Palz«.

In den folgenden Jahren spielte Trude Herr in kurzer Folge in den Filmen:

*Szenenfoto aus dem ersten Film »Alle Tage ist kein Sonn-
tag« mit Dietmar Schönherr und E. Müller.*

»Alle Tage ist kein Sonntag«
»Immer die Autofahrer«
»Du bist wunderbar«
»Drillinge an Bord«
»Marina«
»O sole mio«
»Conny und Peter machen Musik«
»Der letzte Fußgänger«
»Abends in der Scala«
»Tante Trude aus Buxtehude«
»Immer will ich dir gehören«

»Drei schräge Vögel«
»Schlager-Raketen«
»Freddy und der Wilde Westen«
»Und du mein Schatz«
»Immer Ärger mit dem Bett«
»Adieu, Leb' wohl, Good-Bye«
»Unsere tollen Tanten aus der Südsee«
»Robert und Bertram«
»Im schwarzen Rössl«
»Café Oriental«
»Der 42. Himmel«
»Drei Liebesbriefe aus Tirol«
»Ohne Krimi geht die Mimi nie ins Bett«
»Musik für Millionen«
»Mit besten Empfehlungen«
»Im schwarz-weißen Rössl vom Königssee«
»Maskenball bei Scotland Yard«

Da Trude Herr von verschiedenen Produzenten engagiert wurde, liegt keine lückenlose Zusammenstellung vor, und die Liste ist vermutlich nicht vollständig. Später erzählte sie immer wieder, sie hätte wohl über hundert Filme gedreht. Das entspricht allerdings weniger der Wirklichkeit und soll vermutlich ausdrücken, daß sie irgendwann aufgehört hat zu zählen. Es bringt allerdings wenig, nach »kleineren« Rollen zu suchen. Nachdem sie einmal entdeckt war, bot man ihr sofort die größeren an.
Trude Herr hat ihre Sensationserfolge später immer heruntergespielt, aber sie muß damals

Sängerin bei der »Philips«, um 1959.

glücklich darüber gewesen sein. Denn die Möglichkeiten, die sich nun eröffneten, und die Gagen, um die nicht mehr gefeilscht wurde, waren traumhaft. In hektischer Betriebsamkeit war sie unterwegs von Studio zu Studio, von Drehort zu Drehort: von Berlin nach Italien, von Wien nach Spanien, von England nach Jugoslawien, vom Kuhdorf in die Großstadt, von der Reeperbahn nach Rothenburg. Der Aufenthalt in luxuriösen Hotels wurde für sie ein tägliches Einerlei, aber die Arbeit war zu hart, als daß Urlaubsstimmung aufgekommen wäre. Nur das Essen schmeckte ihr überall gut. Ihre Schwester Agi prägte auf sie das Wort »Magentalent«. Wenn die Zeit es zuließ – was selten vorkam –, konnte man Trude Herr aber bestimmt auch in einem Museum antreffen. Trotz der vielen Filmarbeit stand sie regelmäßig auf der Bühne – in Berlin, in Köln und auf Tourneen. Daneben nahm sie auch den einen oder anderen Werbeauftrag an, aber hierin tat sie weitaus weniger, als ihr möglich gewesen wäre, und sie hat dabei auf ihr Image geachtet.

Es war das nahezu Wirklichkeit geworden, was sie sich einige Jahre zuvor in ihrer ersten Büttenrede praktisch erträumt hatte: Sie war ein berühmter Filmstar geworden. Es waren zwar nicht gerade die Kollegen von Hollywood und Venedig, mit denen sie auf Du und Du stand, aber doch die, die damals im deutschen Unterhaltungsfilm in aller Munde waren: Heinz Erhardt, Catarina Valente, Senta Berger, Oskar Sima, Freddy Quinn,

Ruth Stephan, Wolfgang Neuss, Rudolf Platte, Günther Pfitzmann, Helen Vita, Vico Torriani, Bill Ramsey, Peter René Körner, Kurt Großkurth, Gunther Philipp, Chris Howland, Angéle Durant, Ralf Wolter, Bubi Scholz, Hubert von Meyerinck, Peter Kraus, Conny Froboess und … und … und … last not least Willy Millowitsch.

Bereits im ersten Film, »Alle Tage ist kein Sonntag«, trafen Trude Herr und Willy Millowitsch zusammen und danach wieder und wieder. Sie wurden zeitweise so etwas wie die Buffo-Version der deutschen Traumpaare. Welche Rolle zwischen ihnen damals noch das Intermezzo spielte, das Trude 1948 auf Millowitschs Heimatbühne gegeben hatte, ist nicht mehr nachzuvollziehen. Der Umgang der beiden, die sich ja in Wirklichkeit viel seltener begegneten, als ein fertiger Film vermuten läßt, war sachlich kollegial und ohne Sentimentalitäten. Es muß Trude aber wohl eine Genugtuung gewesen sein, ihren ehemaligen Prinzipalen auf dem Besetzungszettel wiederzufinden. Sonst hätte sie später nicht noch in Köln zu erzählen gewußt, daß sie selbst auf Position 6, Millowitsch aber auf Nr. 13 gestanden hätte.

*Mit Willy Millowitsch in dem Film »Robert und Bertram«,
1963.*

Der Charakter der Filme

Es würde Trude Herr nicht gerecht, wenn man die Bedeutung der Filme, die unbestreitbar ihre große Popularität begründet haben, im nachhinein aufbauschen würde. Im Gegenteil! Würdigt man ihre gesamte Lebensleistung, machen diese Filme nur einen ganz kleinen Teil ihres Schaffens aus. Trude Herr hat im Film nur verkauft, was sie sich zwischen Karneval und Varieté an künstlerischer Substanz aufgebaut hatte.

In keinem der Filme spielte sie wirklich eine große Hauptrolle. Sie war immer nur gut für die sogenannten »Wurzen« – die dümmliche Kleinbürgerin, deren rheinischer Tonfall und kölsche Ausrutscher sich wie komische Lückenbüßer einsetzen ließen; pfiffig-naive Mädchen, schrullige Zu-kurz-Gekommene, resolute Hausdrachen mit goldenem Herzen, tollpatschige Dicke. Es gab kein Mißverständnis, dem sie nicht aufsaß, keine Sahnetorte, in die sie – wenn sie sie nicht essen mußte – nicht hineintappte, keine (Jauche-) Grube, in die sie nicht plumpste, keine zwei Stühle, zwischen die sie sich nicht setzen mußte. Wenn sie mit überbordender Leibesfülle im Mini-Rock Boogie tanzte, wirkte sie freilich so komisch wie damals keine andere Schauspielerin. Es war Slapstick auf deutsch, Komik am laufenden Band und ohne große dramaturgische Bedeutung.

Daß es in erster Linie um wirtschaftliche Aspekte ging, erkennt man daran, daß Trude Herr offensichtlich keine Qualitätsansprüche geltend machte, sondern praktisch jedes Angebot wahrnahm, daß zeitlich irgendwie zu verkraften war. Teilweise mutete sie sich wohl auch mehr zu, als sie verkraften konnte. Es dauerte auch nicht lange, bis Trude sich von diesen Machwerken innerlich distanzierte. Dennoch hat sie immer zu diesem Teil ihres Lebens gestanden. So noch 1982 in einem Interview: »Ich habe da nur Karriere gemacht, weil mich kein Stadttheater genommen hat. Was hätte ich auch spielen sollen?! – Es waren keine Geniestreiche, aber es waren technisch gut gemachte Filme – und es waren gute Rollen für mich drin. Heute ist der komische Film keinen Deut weiter.« Womit sie wohl recht hatte.

Die »Schokolade«

Der musikalische Teil ihrer Karriere darf mit den Filmrollen nicht in einen Topf geworfen werden. Denn als Sängerin gab Trude Herr mehr von sich, und das muß gesondert gewürdigt werden. Schon Mitte 1959 wurde ihr von der Philipps der Titel »Ich will keine Schokolade« angeboten. Sie

Bei Aufnahmen zu dem Film »Marina«, 1960. Mit Bubi Scholz, Egon Vogel, Paul Marin und Gabriele.

akzeptierte. Die Platte erschien im Oktober und wurde ein Sensationserfolg. In den Läden ging sie weg wie warme Semmeln, und die »CCC«-Filmgesellschaft hängte sich sogar noch mit einem Film dran, der 1960 herauskam: »Marina«.

Ich lebe unerhört solide
Und habe nie ein Rendez-vous,
Ich gehe höchstens mit den Eltern
Ein Stück spazieren ab und zu.

Mein Vater sagt, so muß das bleiben,
Und dafür schenkt er mir Konfekt,
Doch neulich platzte mir der Kragen,
Weil mir Konfekt nun mal nicht schmeckt.

Ich will keine Schokolade,
Ich will lieber einen Mann;
Ich will einen, der mich küssen
Und um den Finger wickeln kann.

Ich hatte neulich grad Geburtstag,
Und diesen Tag vergess' ich nie,
Denn alle Tanten und Verwandten,
Die waren mit von der Partie.
Sie brachten Rosen und Narzissen,
Und Schokolade zentnerschwer,
Da hat's mich plötzlich fortgerissen,
Ich schrie, ich will das Zeug nicht mehr:

Ich will keine Schokolade ...

Ich kaufte Sonntag auf dem Rummel
Für 20 Pfennig mir ein Los.
Ich hab' auch wirklich was gewonnen,
Doch die Enttäuschung, die war groß:
Denn ich gewann dort einen Teddy,
Aus Schokolad' und Marzipan,
Den schmiß ich wütend in die Menge,
Und schrie den Losverkäufer an:

Ich will keine Schokolade ...

Der Schlager hatte nicht nur deshalb Erfolg, weil er gut gemacht und mit der richtigen Sängerin besetzt war. Noch heute unüberhörbar ist der eigene Ton, den Trude Herr in die Interpretation einbrachte und der sehr stark von ihrer persönlichen Biographie gestützt wurde. Das Lied gibt vor, daß die Sängerin aus einem bürgerlichen Weltschema ausbricht, in dem sie wie ein Kind gefangengehalten wurde. Vor allem bei der letzten Wiederholung des Refrains ging der Gesang der Herr in ein primitives Kreischen über. Dabei hatte sie einen »drive«, der weit über das übliche »Trallala« der damaligen Zeit hinausging.

Ein Vergleich drängt sich auf: Knapp dreißig Jahre zuvor hatte Zarah Leander kokett gefragt: »Kann denn Liebe Sünde sein?« In der Sache ging es um dasselbe wie später in der »Schokolade«, nämlich um die sexuellen Bedürfnisse einer Frau. Nur hatte die Leander noch ganz im Stil der Grande Dame aus feudalen Verhältnissen ihre Vettern und Neffen im Spielsalon und Himmelbett getroffen. Ihre dunkle Stimme war ideal, um den Zusammenhang von schamhafter Verschleierung und augenzwinkerndem Zugeben unerlaubter Befriedigung zu vermitteln. Nur das Verbleiben in ihrem gesellschaftlichen Rahmen ermöglichte dieser Frau ihren offiziell unerlaubten Genuß.

Wie anders demgegenüber die Interpretation von Trude Herrs »Schokolade«! Sie steht hinter der Aussage wie ein Vulkan. Man nimmt ihn nur zuerst nicht wahr, weil er die Strophen hindurch von der guten Erziehung bürgerlicher Familien verschüttet ist. Zum Refrain aber bricht er aus. In der Stimme Trude Herrs explodiert alle anerzogene Wohlanständigkeit, und sie schreit heraus, was sie gern hätte. Hier liegen zwischen der Leander und der Herr nicht nur Generationen, sondern Welten. Im Kreischen der Herr hörte man die vitale Selbstbekundung einer neuen Gesellschaft, die bereit war, sich nicht mehr zu verstellen und ihre natürlichen Sehnsüchte ohne Rücksicht auf gesellschaftliche Normen auszuleben.

Was Trude Herr hier ertönen ließ, war der Urschrei der Selbstverwirklichung in der jungen Bundesrepublik. Wenige Jahre zuvor war dieser Schrei erstmals im amerikanischen Rock'n'Roll laut geworden, der seinerseits ein Erbe des schwarzen Jazz gewesen war und um Ausdruck mehr gegeben hatte als um Melodie und Harmonie. Trude Herr gelang es, diese Entwicklung in den deutschen Schlager zu transformieren. Es ist kein Zufall, daß sie gerade in diesem Lied zu einem so außergewöhnlich überzeugenden eigenen Ausdruck fand; und es ist genauso wenig ein Zufall, daß die späteren Travestiekünstler ausgerechnet dieses eine Lied der Trude Herr als Nummer aufgriffen: Es war Selbstbekenntnis dabei im Spiel.

Als der Erfolg da war, interessierte sich Trude – wie üblich – schon nicht mehr dafür. Deshalb ist

Travestie-Star Tom Deininger als Trude Herr, 1991.

sie nie der Frage nachgegangen, warum die Leute noch Jahrzehnte später immer wieder dieses Lied hören wollten. Es nervte sie mehr und mehr, und immer wieder versuchte sie, diesem Lied zu entkommen. Aber sie hatte viel zu großen Respekt vor ihrem Publikum, als daß sie ihm das Gewünschte versagt hätte. Wenn sie in späteren Jahren gelegentlich noch einmal als Sängerin auftrat, dann sang sie dieses Lied allerdings sofort zu Beginn, »damit sie es nachher nicht als Zugabe von mir verlangen. Denn ich habe nach der ›Schokolade‹ noch sehr viel anderes gemacht ...«

Die Sängerin

Die »Schokolade« war das erste Lied und der größte Erfolg Trude Herrs als Schlagersängerin, wirklich ihr »großer Hit«. (So hieß später eines ihrer eigenen Stücke.) Aber es war nicht der einzige. Mit Begeisterung aufgenommen wurde auch die Rückseite der »Schokoladen-Platte«: »In der Spelunke zur alten Unke«. Nach Philips nahmen Polydor, Electrola und Deutsche Grammophon Trude Herr unter Vertrag. In kurzer Folge entstanden Lieder wie »Morgens bin ich immer müde«, »Weil ich so sexy bin«, »33144 mal«,

»Französisch sprechen kann ich fast gar nicht«,
der »Autofahrer-Blues« und viele andere. Einige
Jahre später erzielte sie wieder einen Triumph,
als sie in der Folge der »Spiegel-Affäre« und be-
gleitet vom Orchester Kurt Edelhagen ganz ak-
tuell den »Spiegel-Twist« sang, dessen Refrain
lautete:

Tanz mit mir den Spiegel-Twist,
Auch wenn du von der Kripo bist,
Glücklich ist, wer dann beim Twist
Vergißt, was nicht zu ändern ist.

Der Titel erreichte auf Anhieb die Spitze der deutschen Hitliste. Trude Herr trat damit in Veranstaltungen auf, zu denen die Menschen in Tausenden
strömten. In Köln waren es 5000 (Sporthalle am
11.11.62), in Dortmund gar 8000. »Der don-
nernde Applaus ließ die Fundamente der Saal-
bauten erzittern«, berichtete die »Bild-Zeitung«.
Später hat sich Trude Herrs Stil noch mehrfach
gewandelt. Sie sang vor allem wieder Nummern
in kölnischer Mundart, die teilweise auch im Karneval ankamen. »Mamma, ich bin eso bang ...«,
war ein Ohrwurm, mit dem sie in den siebziger
Jahren wieder in die Hitparade kam. – Dann hat
sie Lieder gesungen, die sie auf berühmte Melo-
dien selbst textete und die meist in ihre Stücke gehörten, wie »Kääls, Kääls, Kääls« (auf die Melodie von »Girls, girls, girls«) oder »Zeiger an der
Uhr« (Windmill of your mind) oder »Konditorei«

(YMCA), »Ich ben dodurch« (I'll survive) und »Die Stadt« (Here is to you). Hier ergab sich die Stärke des Ausdrucks nicht nur aus der Mundart, sondern auch aus Trudes ganz persönlicher, unverwechselbarer Interpretation, in der ihre Liebe zum Jazz unüberhörbar war.

Es war ein ganz anderes Repertoire als das ihrer Schlagerzeit, allerdings trug sie es nur ausnahmsweise als geschlossenes Programm vor. Insofern war es eine Sternstunde für alle, die es erlebt haben, als sie damit am 15. August 1981 im Kölner Rheinpark auftrat – mehr zufällig, weil sie ihrem alten Manager Hermann Ahrens zuliebe für den erkrankten Stargast Robert Holm ein-

Gesangsprobe mit Peter Herbolzheimer, 1979.

sprang. Erst als Trude 1987 von allem, was sie bis dahin getan hatte, Abschied nahm, hat sie die schönsten ihrer eigenen Lieder noch einmal auf einer LP zusammengefaßt. Ihnen hat sie zuletzt noch das Lied beigefügt, mit dem sie noch einmal einen triumphalen Erfolg hatte: »Niemals geht man so ganz.« Sie sang es zusammen mit Tommy Engel von den »Bläck Fööss« und Wolfgang Niedecken von »BAP«. Der Song stürmte die deutschen Hitparaden wie nur zur Zeit der »Schokolade« und des »Spiegel-Twist«. Der Erfolg war so groß, daß erst nach der LP die Single gepreßt wurde.

Sogar die renommierte Wochenzeitung »Die Zeit« hat damals in der Besprechung der Platte einen Teil der Leistung Trude Herrs gewürdigt: »Es läßt sich also in deutscher Sprache volksverbundene Musik machen, die nicht kleinbürgerlich, engstirnig oder altertümelnd daherkommt ... Songs von Barry Manilow, den Rolling Stones, Dusty Springfield, José Feliciano, Joan Baez und Foreigner sind von ihr dermaßen mit Milieustimmung und trotzdem ursprungsgerecht in Kölner Mundart übertragen worden, daß es eine helle Freude ist.«

Hektisches Leben

Seit den Jahren der ersten Erfolge gab es kaum noch Zeiten der Ruhe in Trude Herrs Leben. Denn neben Filmen und Schallplatten ging Trude Herr Verpflichtungen zu Tourneen ein, die sie durch alle deutschsprachigen Länder führten. Wenn sie nicht ohnehin der Star des Abends war, so stand sie doch immer an der Seite der bekanntesten Künstler der damaligen Unterhaltungsszene auf der Bühne: Max Greger, Hazy Osterwald, Kurt Edelhagen, Gus Bacchus, Angéle Durant, Catarina Valente, Hans Jürgen Bäumler, Chris Howland, Rex Gildo, Peter Kraus …

Für Außenstehende – vor allem daheim in der Mauenheimer Straße in Nippes – hörte sich das zwar alles toll an, aber es war harte Arbeit. Unter Umständen stand sie schon früh am Morgen im Studio vor der Kamera. Mittags machte sie sich auf den Weg in eine mehrere hundert Kilometer weit entfernte Stadt, wo abends eine Revue lief. Wenn sie ankam, gab es eine knappe Verständigungsprobe mit einem Orchester, das die Noten zum ersten Mal sah, dann in die Garderobe zum Umziehen, Auftritt, Essen, Weiterfahrt, Hotel. Das konnte sie nicht allein bewältigen. Immer brauchte sie Begleitung. Oft spielte ihr alter Freund Thomas Maraun den Chauffeur, manchmal auch ihre Schwester Agi. Agi hatte inzwischen geheiratet. Ihr Mann, Gert-Heinz Hartfeld, der nur mit dem Spitznamen »Bär« gerufen wurde, arbeitete als Lehrer in ihrer gemeinsamen Fahrschule. Er und Agis Tochter Gigi begleiteten Trude Herr ebenfalls sehr oft.

Aus dieser Zeit stammt eine Anekdote, die noch jahrelang die Runde machte und von Trude gelegentlich auch als Pointe verwendet wurde. In den Gängen unter irgendeiner Bühne herrschte aufgelockerte Stimmung. Gus Bacchus »raubte« Agi und lief mit ihr – sie auf Armen tragend – einen Gang hinunter. »Bär« rannte protestierend hinter ihm her: »He, he, wat machste mit meiner Frau?!« – Da drehte Gus Bacchus sich um und rief zurück: »Mach dir keine Gedanken. Es ist auf rein sexueller Basis.« Das Gelächter muß man bis zur Bühne gehört haben.

Die Stimmungskanone

Trude Herr verfügte damals über ein Repertoire von Schlagern, mit denen sie eine eigene Show bestreiten konnte. Dazu hatte sie den Stil der »Stimmungskanone« entwickelt. Sie stürmte auf die Bühne wie ein Mädchen, das gerade aus der Klosterschule in die große Freiheit entlaufen ist und sich nun austobt. Die Schleife im Haar hing

»Die Stimmungskanone«, 1981.

schief, dann flogen die Schuhe über die Bühne, und zum Schluß riß sie sich die Perücke vom Kopf. Trudes Temperament verlieh der ganzen Vorstellung wieder den Charakter eines Vulkanausbruchs, der durch ihre Körperfülle vom Sokkel atemberaubender Größe auf die Ebene absurder Komik umgewuchtet wurde. Dabei erreichten die Ausbrüche erhebliche Erschütterungen auf der nach oben offenen Zwerchfellskala. Das Publikum kreischte vor Vergnügen.

Sicher ist, daß fast alles einstudiert war. Trude arbeitete zu professionell, um etwas dem Zufall zu überlassen. Aber es steckte mehr dahinter! –

Trude litt vor Auftritten immer unter starkem Lampenfieber. Die Schweißausbrüche, die sie oft sogar auf offener Bühne mit einem Handtuch auffangen mußte, gingen in erster Linie auf das Konto ihrer Aufregung, wenn ihr auch eine mäßigere Lebensweise Linderung verschafft hätte. Aber dann wäre sie nicht mehr der Typ gewesen, den man sehen wollte.

Der »Klamauk« war für sie ein Mittel, ihre Angst zu bewältigen. Sie machte Krawall, setzte auf Lacher und lebte in panischer Angst, wenn das Publikum einmal nicht aus dem Häuschen war. Dann zweifelte sie an sich selbst und schoß direkt die nächste Kanone ab. Manchmal schoß sie dabei auch am guten Geschmack vorbei. Viele mochten sie deshalb nicht und lehnten sie als »primitiv« und »vulgär« ab. Die schärfste Kritik schlug ihr in Wien entgegen, wo sie 1962 mit ihrer letzten Kaiserhofrevue »E Gläsge Kölsch« gastierte. Der »Wiener Expreß« bescheinigte Trude zwar, daß aus ihr eine ernst zu nehmende Komikerin werden könnte. Aber dann hieß es: »Sie braucht einen Regisseur, der ihr verbietet, dem Affen Zucker zu geben und, unter Verzicht auf jeden fraulichen Charme, die Leute durch die primitivsten Auswirkungen ihrer Wohlbeleibtheit und ihres kessen Mundwerks zu unterhalten.«

Freunde rieten Trude Herr wieder und wieder, das Publikum nicht zu unterschätzen. Manchmal gab es auch solche Momente, in denen sie ruhiger wurde und damit sehr intensive Wirkungen erzielte. Aber diese Linie hielt sie nie lange durch, und wenn ihre innere Spannung während der Vorstellung zunahm, konnte sie der Versuchung nicht widerstehen und kehrte zum Klamauk zurück. Aber die große Mehrheit mochte sie so.

Sie hat das Problem erst in ihren späteren Stükken und Liedern reflektiert. Dann setzte sie ihre Selbsterkenntnis künstlerisch um und überzeugte so am meisten. Dann konnte man im Saal die sprichwörtliche Stecknadel fallen hören.

Et jitt Lück, die mögen mich,
Andre widder fingen mich
Domm un deck un widderlich
Un bestenfalls banal.
Mänchmol kütt mer jän bei mich,
Meschtens laach mer üvver mich,
Meint mer, mer wör mieh wie ich,
Doch dat es mir ejal!!

(Es gibt Leute, die mögen mich,
And're wieder finden mich
Dumm und dick und widerlich
Und bestenfalls banal.
Manchmal kommt man gern zu mir,
Meistens lacht man über mich,
Meint man, man wär' mehr als ich.
Doch das ist mir egal.)

Die Brinkgasse

Mit den Erfolgen gegen Ende der fünfziger Jahre hatte Trude Herr die äußeren Voraussetzungen für ihre Selbstverwirklichung geschaffen. Sichtbarstes Zeichen dafür, daß sie damit ernst machte, war die Neugestaltung ihres Privatlebens. Bis 1959 – sie war jetzt zweiunddreißig Jahre alt – lebte sie noch mit ihrer Familie zusammen und teilte sich in Nippes die Wohnung mit ihrer Mutter. Mit Gustl Schellhardt, mit dem sie damals schon ein Jahrzehnt befreundet war, ist sie nie zusammengezogen. Noch während der Drehzeit von »Alle Tage ist kein Sonntag« hielt sie Ausschau nach einer eigenen Wohnung. Diese fand sich auch bald, und im Herbst des Jahres 1959 zog sie aus der Mauenheimer Straße in die Kölner Innenstadt.

Ihr neues Zuhause – eine Vier-Zimmer-Wohnung – lag in der Großen Brinkgasse 26. Über diese Wahl kann man genauso wenig hinweggehen wie über Trudes Job in der »Barberina«. Denn bei der Entscheidung spielten hier wie dort nicht nur praktische Gründe eine Rolle. Überall hätte man wohnen dürfen – nur nicht in der Brinkgasse! Denn ohne das »Große« war der Name schlicht und einfach das in Köln gebräuchliche Wort für Puff. Fünfzig Meter weiter um die Ecke lag die Kleine Brinkgasse, die populärste Bordellstraße

Mitte der sechziger Jahre.

mit ältester Tradition. In dieser Gegend nahe dem Friesenwall soll sich bereits Friedrich Nietzsche Ende des 19. Jahrhunderts die Syphilis geholt haben. Erst 1971, als ein Eros-Center außerhalb der City entstand, wurde die Kleine Brinkgasse »stillgelegt«.

Berücksichtigt man Beziehungen, Einkommen und Ansehen von Trude Herr, hätte sie eine komfortable Wohnung in bester Lage finden können – zum Beispiel in Lindenthal, einem bürgerlich-stilvollen Vorort, in dem zum Beispiel auch die Adenauers zu Hause waren. Aber nein, es mußte die Brinkgasse sein! Auch wenn es nur die »Große« war. Nicht daß Trude Herr dem Treiben um die Ecke in irgendeiner Weise verbunden gewesen wäre, aber sie hatte eben keinerlei Befangenheit, dort zu wohnen, wo Leute von gesellschaftlichem Anspruch nicht einmal im Vorübergehen gesehen werden mochten. Auch jetzt, als sie »dodurch« war, verweigerte sie sich mit sturem Kopf den üblichen Erwartungen. Sie ließ sich nicht auf bürgerliche Verhaltensweisen festlegen. In dem Maße, in dem sie berühmt wurde und über mehr Geld verfügte, trat sie immer bewußter in Opposition dazu.

Dies drückte sich in noch vielen anderen Bereichen aus. Trude Herr hat die meiste Zeit ihres Lebens zur Miete gewohnt, obwohl sie sich sicher eine eigene Villa hätte leisten können. »Besitz belastet«, war kurz und bündig ihr Kommentar. Ein altes Bauernhaus, das sie zu Beginn der achtzi-

1980.

ger Jahre in der Gegend von Neuwied kaufte, wurde nur unter praktischen Gesichtspunkten erworben. Kaum war es richtig hergerichtet, wollte sie es schon wieder aufgeben. Sie hatte ein großes Wohn-Schiff erstanden, in dem sie sich ungebundener fühlte. Das Haus hat sie wieder veräußert, als sie auf die Fidschis zog.

Statussymbole haben Trude Herr nie interessiert. Schmuck hat sie nie haben wollen; nie hat sie sich teure Kleider gekauft – sie nähte sie sich selber. Begründet hat sie dies damit, daß es für ihre Figur nichts zu kaufen gäbe. Aber das war wieder einmal nur die Hälfte der Wahrheit. Bei entsprechender Bezahlung wäre jeder Schneider in der Lage gewesen, alles zu nähen, was auch einen ausgefallenen Körper zum Blickfang modischer Zustimmung gemacht hätte. Aber genau darum ging es ihr nicht. Wichtiger war, daß ihr gesamtes Erscheinungsbild ihre Persönlichkeit ausdrückte, nicht die Anpassung an gesellschaftliche Erwartungen.

Schellhardts Ende

Mit der Zeit der großen Erfolge begannen alte Beziehungen zu leiden. Oberflächlich betrachtet lag das daran, daß Trude Herrs übervolles Arbeitspensum es nicht mehr erlaubte, alle alten Kontakte aufrechtzuerhalten. Logisch auch, daß sie jetzt vorzugsweise solche Bekanntschaften pflegte, die für sie auch berufliche Aspekte hatten. Hinzu kam, daß sie in kürzester Zeit mehr von der Welt sah als viele andere aus ihrer früheren Umgebung in ihrem ganzen Leben. Daraus ergaben sich mit der Zeit Gegensätze und Spannungen, die nur schwer zu bewältigen waren und für die man kaum jemanden verantwortlich machen konnte. Unbestreitbar ist indessen, daß die Konsequenz, mit der Trude Herr ihre Selbstgestaltung verfolgte, manchen alten Freund schmerzen mußte. Und dafür hatte sie oft kein Gefühl.

Auch Gustl Schellhardt bekam das zu spüren, dessen eigene Karriere mit der von Trude nicht mehr Schritt halten konnte. Die Beziehung bestand zwar bis zu seinem Tode 1967, aber die schöpferischen Zeiten versandeten irgendwann zu Beginn ihrer großen Karriere. Die ehemalige Partnerschaft entwickelte sich mehr und mehr zur Abhängigkeit. Schellhardt hatte sich gefühlsmäßig schon lange an einen jüngeren Mann gebunden. Dieser wiederum nutzte Gustls Schwächen so schamlos aus, daß er indirekt von der Arbeitskraft Trudes profitierte. Teilweise ahnte sie es, teilweise wußte sie davon.

Obwohl die Spannungen sich immer wieder in Streitereien entluden, konnten ihre Wege sich letztlich nicht mehr trennen. Schellhardt, der leicht zur Wehleidigkeit neigte, litt zwar unter dem Gesamtzustand, aber er war nicht in der Lage, die Probleme zu lösen. Immer wieder tauchte er in der freier werdenden Männerszene Kölns unter und blieb tagelang verschollen. Während Trude davon meist keine Notiz nahm, begriff ihre Nichte Gigi den Ernst der Lage und suchte Gustl in allen Lokalen, in denen sie ihn nur vermuten konnte. Wenn sie ihn fand, klagte er ihr sein bekanntes Leid und kehrte in seine schwierige Lage nach Hause zurück.

Trotz aller Probleme entschlossen sich Trude und Gustl im Herbst des Jahres 1967 zu einer Reise nach Griechenland. Gigi, die inzwischen geheiratet hatte, und ihr Ehemann waren mit von der Partie. Die Reise stand unter einem unglücklichen Stern. Da Trude unter Frust litt und die Rolle »Ernährerin der Familie« spielte, war »Krach« der Normalzustand. Schließlich entschloß sie sich abrupt, ihre Probleme dadurch zu lösen, daß sie allein nach Afrika reiste. Die anderen Reisenden kehrten nach Köln zurück.

Hierzu verschlimmerte sich Schellhardts Zustand. Er litt mehr und mehr unter den Abhängigkeiten, die beide Partner ihn deutlich fühlen ließen. Immer öfter tauchte er unter. Gigi spürte die zunehmende Gefahr, in der Schellhardt sich befand. Als er sich im November drei Tage nicht gemeldet hatte, nahm sie ein Taxi und suchte die üblichen Kneipen ab. Doch sie fand ihn nicht. Wenige Tage später hörte eine Mitarbeiterin der Agentur, die Trude Herrs Te-

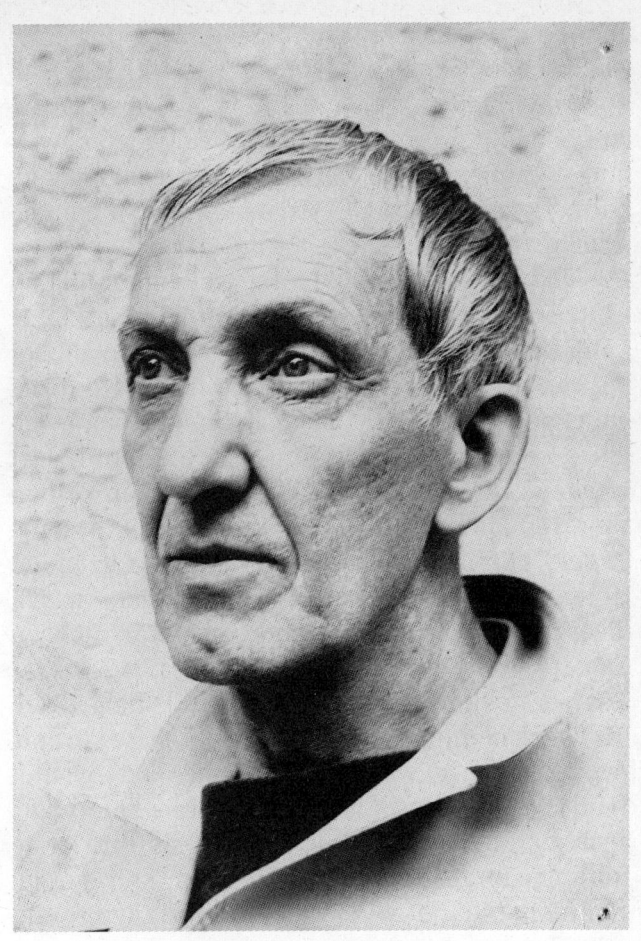
Gustl Schellhardt, 1966.

lefonbeantworter regelmäßig abhörte, folgende Nachricht: »Hier ist das Krankenhaus der Augustinerinnen. Bei uns ist heute um 12.15 Uhr Herr Gustaf Schellhardt tot in die Klinik eingeliefert worden. Wahrscheinlich Herzinfarkt in der Straßenbahn. Herr Schellhardt wird ins Gerichtsmedizinische Institut überführt.«

Die Obduktion war notwendig, weil niemand den Eintritt seines Todes bemerkt hatte. Er hatte nur ganz still in einer Straßenbahn gesessen, als der Fahrer am Ende der Fahrt den üblichen Kontrollgang gemacht hatte. Da Schellhardt keine Papiere bei sich hatte, konnte er nicht identifiziert werden. Die Obduktion erbrachte aber keinen weiteren Befund. Seine Freunde, die um seine Lage wußten, sagten: »Er ist an gebrochenem Herzen gestorben.« Man entschied sich, Trude, die irgendwo in Tunesien unterwegs war, nicht zu unterrichten.

Gustl Schellhardt wurde in aller Stille beigesetzt. Er war neunundfünfzig Jahre alt geworden. Zwanzig Jahre waren vergangen, seit er und Trude sich auf der Millowitsch-Bühne kennengelernt hatten, fünfzehn Jahre, seit sie ihre erste Büttenrede geschrieben, und zehn, seit sie zusammen mit der »Fernsehansagerin« die entscheidende Stufe zu Trudes großer Karriere gebaut hatten. Dann war er am Wege zurückgeblieben. Als Trude Ende des Jahres aus Tunesien zurückkam, fand sie nur noch sein Grab auf dem Ehrenfelder Friedhof vor.

Die Gegenwelt

Der Weg in die Wüste

Trudes Verhalten in den damaligen Jahren war zwar ein erklärbarer Ausdruck ihrer Entwicklung, aber dennoch hatte die Unerbittlichkeit ihrer neuen Maßstäbe etwas Schneidendes, etwas, das ein menschliches Maß gelegentlich überschritt. Wenige Jahre später, als die Wüste sie endgültig geformt hatte, sagte sie: »Wahre Freunde, das sind für mich Menschen, die den letzten Tropfen Wasser mit mir teilen, wenn es um Leben oder Tod geht.« – Wer aber von den durchschnittlich begabten Sterblichen hätte sich einer solchen Prüfung stellen können?

In den Erzählungen über Trude taucht seit jenen Jahren immer öfter das Wort »Krach« auf. Ihr unbezähmbarer Drang zur Umsetzung ihrer schöpferischen Ideen setzte sich gegen jeden Widerstand durch. Sie war immer bereit, sich und ihre Ziele gegen jedes äußere Schema und gegen jeden anderen Willen zu verteidigen. Das machte den »Krach« fürderhin zu einem festen Bestandteil ihres Lebens. Trude Herr wurde eine schwierige Persönlichkeit.

An ihrer Persönlichkeitsbildung hatte jetzt die Wüste einen entscheidenden Anteil. Wann aber entdeckte sie die Wüste?

Ihre Umgebung hatte anfangs nicht viel davon gemerkt, denn die erfolgreiche Künstlerin war ohnehin ständig unterwegs. Glaubt man ihren eigenen Erzählungen, so fallen bemerkenswerterweise der Abschluß der ersten Filme, die Aufnahmen für die »Schokolade«, der Bruch mit dem Gesellschaftskarneval, der Umzug in die Brinkgasse und die Entdeckung der Wüste zeitlich eng zusammen. Damals war Trude mit Asram liiert, einem bildschönen Perser. Es gab »Krach«, und der endete mit Liebeskummer. Wie üblich rief sie zur typischen Trude-Zeit – nämlich nachts um drei Uhr – einen Freund an und flehte um Beistand. Dann faßte sie spontan einen Entschluß: »Wir nehmen das erste Flugzeug, egal, wo es hinfliegt.«

Gesagt – getan! Geld spielte ja keine Rolle mehr. Das erste Flugzeug flog zufällig nach Tripolis, der Hauptstadt Libyens, das damals noch ein mittelalterliches arabisches Königreich war. Von Tripolis aus machte Trude Herr einen Ausflug an den Rand der Wüste, und dabei geschah es dann: »Ich schnupperte die Luft und war fasziniert von der Landschaft«, so erinnerte sie sich später und schilderte dann, worauf das beruhte: »Diese Landschaft liegt vor einem wie der erste Tag der Schöpfung. Sie gibt dir den Mut, wieder von vorn anzufangen. Alle Dinge werden klarer, deutlicher; du erkennst ihren Wert.«

Dieses erste Schnuppern sollte im Laufe der Zeit gewaltige Konsequenzen für sie haben. Anfangs registrierte sie nur eine leichte Unruhe, eine Sehnsucht. Das Gefühl wurde aber immer stär-

Aufbruch in die Wüste, 1965.

ker, nahm von Jahr zu Jahr zu, wurde zum Fieber und zur Leidenschaft, die Trude – je älter sie wurde – kaum noch zügeln konnte. »Das Gefühl, in der Sahara allein auf der Welt zu sein, ist berauschend, mit nichts zu vergleichen.« – Später arbeitete sie wie besessen, um anschließend aufbrechen und sich monatelang demütig der Wüste unterwerfen zu können wie einer großen Göttin. »In der Wüste sterben? Kein schlechter Gedanke! Es ist besser, in der Sahara zu verdursten, als in Köln-Lindenthal zu sitzen und auf die Rente zu warten.«

Doch damit haben wir weit vorgegriffen. Der Anfang war noch nicht derart exzessiv. Es gab noch ganz bürgerliche Reisen – etwa nach Italien, wo Trude Herr in vornehmen Hotels abstieg, die sie meist von irgendwelchen Dreharbeiten her kannte. Damals reiste sie allerdings noch in Begleitung ihrer fünfunddreißig Jahre älteren und inzwischen auch leibesschweren Mutter sowie Gustl Schellhardts, der ja auch zwanzig Jahre älter war. Gelegentlich kam auch Thomas Maraun mit.

Dann entdeckte sie Griechenland, das zu Beginn der sechziger Jahre touristisch fast noch unberührt war. Sie unternahm Reisen in die Türkei, die in dieser Hinsicht geradezu jungfräulich war. Dabei verjüngte sich ihre Reisebegleitung erheblich. Neue, jüngere Freunde begleiteten sie, darunter auch ihre Nichte Gigi, die wiederum eigene Freunde mitnahm. Das Leben in den weitgehend noch unerschlossenen Gebieten war leichter und ungebundener als in den »Luxus-Schuppen«. Man fuhr mit Autos, in denen man auch übernachten konnte, stieg gelegentlich in kleinen Pensionen ab oder zeltete auf Stränden, Inseln und in den Bergen.

Thomas Manns »Joseph«

1964 fuhr Trude – offensichtlich allein – nach Ägypten. In allen Verträgen, die sie damals abschloß, stand die Klausel, daß sie von Mai bis Juli nicht zur Verfügung stehen könne. Genaueres ist über diese Reise nicht bekannt. In Köln gab es allerdings ein zwerchfellerschütterndes Präludium dazu, als sie bereits im Januar auf der Prinzenproklamation als »Cleopatra von Nippes« auftrat. Ihr Sinn für Komik, der kindliche Trieb der Nachahmung und die Fähigkeit zur Selbstironie litten auch in ihrer neuen Lebensphase keine Einbuße. Allerdings nahm ihre Art, ihr Privatleben zur Grundlage ihrer künstlerischen Darbietungen zu machen, auch groteske Züge an. Sie konnte jedoch darauf vertrauen, daß es niemand bemerkte, weil sich alle nur für den komischen Aspekt interessierten.
Dennoch war in aller Stille etwas anders gewor-

den: Trude hatte Thomas Manns Josephs-Geschichten gelesen. Das war eine Erfahrung, die sie mit niemandem in ihrer Umgebung teilen konnte. Denn wer hatte schon den weit über tausend Seiten starken Roman in sich aufgenommen, dessen inhaltlicher und sprachlicher Schwierigkeitsgrad ein halbes Studium voraussetzte? Wer wäre bereit gewesen, es nun auf Trudes Anregung hin zu tun?

Obwohl Thomas Manns Bruder Heinrich als linker Literat Trudes Weltbild eigentlich nähergestanden hätte, bevorzugte sie den großbürgerlichen Stil des Lübecker Senatorensohns. Das opulente Hauptwerk, an dem Thomas Mann nicht weniger als siebzehn Jahre gearbeitet hatte, war eine intellektuelle Herausforderung, vor der Trude nie kapituliert hätte. Abgesehen davon sind diese Erzählungen tatsächlich von faszinierender Schönheit.

»Joseph und seine Brüder« ist nichts anderes als die detailgetreue sprachliche Ausformung des ersten Buches der Bibel. Die Erzählung rankt sich um Joseph, der von seinen Brüdern nach Ägypten verkauft, dort zum Statthalter des Pharao wird und seine Sippe in der Zeit der Hungersnot retten kann. In einer der rührendsten Szenen beschreibt Thomas Mann die erste Begegnung von Jakob und Rahel: Jakob hat auf der Flucht vor dem geprellten Esau die Wüste durchquert und trifft am Brunnen erstmals auf die engelsgleiche Rahel. Um sie zur Frau zu gewinnen, mußte Jakob vierzehn Jahre lang bei seinem Oheim Laban als Knecht dienen.

Trude konnte Teile dieser Erzählungen bis an ihr Lebensende auswendig. Am meisten faszinierten sie die detaillierten Beschreibungen der Wüste und der alten Völker. Ein Teil der Faszination beruhte darauf, daß vieles für sie noch erlebbar war. Denn diese Gegend der Welt hatte sich in den Jahrtausenden nur wenig verändert. In den arabischen Ländern und in der Wüste konnte man sich den Ursprüngen der Menschheit wesentlich näher fühlen als in Europa. Das begeisterte Trude. Sie hatte eine konkrete Gegenwelt zur bürgerlichen Gesellschaft entdeckt, und dieser Welt wandte sie sich ab jetzt innerlich zu.

Die ersten Wüstenfahrten

Von nun an war nichts mehr Zufall, sondern klarer Blick aufs Ziel. Seit 1964 plante Trude Herr ihre Wüstenreisen feldmarschmäßig und führte sie auch systematisch durch – was bei ihr etwas heißen wollte. Zuerst wußte sie, daß sie auf solchen Reisen keine Ästheten oder Intellektuellen gebrauchen konnten, sondern nur Praktiker. Schon deshalb ist Gustl Schellhardt nie mit ihr gekommen. Wer in der Wüste sein Auto nicht reparieren kann, muß mit dem Leben bezahlen. Also versicherte sie sich der Mithilfe von Charly Werner, der zum Freundeskreis der Familie gehörte.

Charly war ausgebildeter Kfz-Mechaniker, der durch seine berufliche Tätigkeit Erfahrungen mit »Erdbewegungsmaschinen« mitbrachte. Er konnte also nicht nur Autos reparieren, sondern auch Bodenbeschaffenheiten richtig einschätzen. Außerdem besaß er die wichtigste Fähigkeit, die man bei einem längeren Zusammensein mit Trude haben mußte: Er konnte mit »Krach« umgehen. Und in der Tat haben sich seine Erfahrungen und Fähigkeiten auf den Reisen bewährt.

In den Jahren 1965 bis '67 hat Trude insgesamt drei große Fahrten durch die gesamte Sahara gemacht. Immer war Charly Werner dabei, dann auch ihre Schwester Agi, die aber, weil sie »Krach« auf die Dauer nicht aushalten mochte, vorzeitig wieder zurückkehrte. Einmal ging auch ihr Mann »Bär« mit auf die Reise. Er hielt zwar durch, fuhr aber nie wieder mit.

Die Reisen führten durch Marokko, Algerien, Libyen, den Tschad, weiter nach Westafrika und Obervolta. »Wir haben während unserer Expeditionen auf drei Pisten die Sahara durchquert – und zwar einmal auf der Tanezrouft-Piste, einmal auf der Hoggar-Piste und einmal auf der Fezzan-Route über den Tibesti. Das sind auf der Landkarte fein säuberlich eingezeichnete Routen, aber wirklich nur auf der Landkarte. Die Wirk-

Charly Werner, erster Begleiter in der Wüste.

lichkeit sieht anders aus«, schrieb Trude in ihr Reisetagebuch.

Trude und Charly hatten sich gut vorbereitet. Spezielle Land- und Wegekarten gaben ihnen Auskunft darüber, wo man Wasserstellen fand und wo man tanken konnte. Der größte Abschnitt der Reise, auf dem es beides nicht gab, umfaßte 1300 km (von Colomb-Béchar bis Tessalit). Aber die Planungen bewährten sich, die Vorräte reichten, und es geschah nichts Schlimmes. Dennoch notierte Trude: »Wenn man einmal weiß, wie wertvoll ein Liter Wasser sein kann, erscheinen die Probleme zu Hause klein und unwichtig. Der ganze Ballast fällt von einem ab, als wäre er nie dagewesen.«

Das heißt nicht, daß die Reisen ohne Härten und Gefahren waren. In Mali erkrankte Trude an Malaria, so daß sie zu einem längeren Aufenthalt gezwungen war. Aufgegeben hat sie nicht. »Die Sahara fordert den Menschen heraus. Die Hitze, die Strapazen. Es ist ein wenig Krieg dabei – Durchhalten um jeden Preis. Es ist ein bißchen Eigernordwand mit drin, der Ehrgeiz, es zu schaffen.«

Wie gefährlich ihr Abenteuer war, konnte sie täglich an den verendeten Tieren erkennen, die von den Viehtransporten geworfen und zu makabren Wegmarkierungen für die richtige Piste geworden waren: »Selbst die sonst so ausdruckslosen Gesichter von Ziegen und Schafen zeigen uns, welch grausamer und qualvoller Tod das Verdursten ist. Man ist diesem schlimmen Tod sehr nahe auf diesen Pisten.«

Teilweise spitzten sich die Verhältnisse dramatisch zu, beispielsweise im Tschad. Dort hatte gerade die Trockenzeit begonnen, aber durch den Morast der vorausgegangenen Regenzeit war kurz zuvor noch eine Elefantenherde marschiert. Die Spurenbündel erstreckten sich über fünfzehn Kilometer, und die einzelnen Löcher waren so groß, als wäre ein Granatenhagel niedergegangen. Die Ränder der Löcher hatten sich wie Beton verhärtet. Die Piste war total ruiniert. Die Wüstenfahrer brauchten schon eine Menge Geduld, Raffinesse und Kondition, um diese Wegstrecke zu überwinden.

Als sie dem Etappenziel nach über tausend Kilometern näher kamen, begegneten ihnen Engländer, die von Grenzbeamten in die Wüste zurückgeschickt worden waren, weil ihre Papiere nicht vollständig waren. Sie baten Trude und Charly um Benzin. Sie erhielten es, aber erst nachdem die beiden genau geprüft hatten, welcher Gefahr sie sich dadurch selbst aussetzten. Wäre es eine Überlebensfrage gewesen, hätten sie den Engländern nicht helfen können. So hart ist die Wüste.

Wüstenkomik

Dennoch verließ Trude die Komik auch in der Wüste nicht. Tag für Tag fotografierte sie, aber sie hätte nie die Geduld gehabt, bis zu Hause zu warten, um die Filme entwickeln zu lassen. Also führte sie in ihrem Gepäck alles mit, was dazu notwendig war. Sobald die Reisenden auf einer Oase eine einigermaßen fortschrittliche Karawanserei mit fließendem Wasser erreichten, kletterte Trude in einen Schrank und entwickelte ihre Filme selbst. Da sie aber für die meisten arabischen Schränke zu dick war, mußte Schwester Agi von außen die Tür zuhalten. Hin und wieder gab ein älteres Modell auch einmal unter ihrem Gewicht nach, und Trude krachte mit Film und Entwicklerflüssigkeit durch den Boden.

Eine andere lustige Szene ereignete sich auf der Reise, auf der neben Charly auch »Bär« mit von der Partie war. Mitten in der Wüste, noch weit vor der nächsten Oase, brach das Differential des hinteren Radantriebs. Zwar war Charly sicher, den Schaden beheben zu können; aber als sich eine Karawane näherte, meinte Trude voller Ungeduld, es wäre besser, sich gleichzeitig um Hilfe von der Oase zu bemühen.

Trude empfand den Gedanken verlockend, auf einem Kamel in eine Oase einzureiten, aber sie war nicht bereit, nach landesüblicher Sitte aufzusit-

Immer mit Sinn für Komik.

zen. Dazu muß man sich relativ schnell auf den Rücken des Tieres schwingen, das dann sofort aufsteht – zuerst mit den hinteren, dann mit den vorderen Beinen. Das erfordert einige Geschicklichkeit, die der Anfänger in der Regel nicht besitzt. Deshalb entgeht er kaum der Lächerlichkeit, an der sich in touristisch stark frequentierten Gebieten die Zelluloid-Industrie eine goldene Nase verdient.

Trude wollte kein Risiko eingehen und bestand darauf, daß das Tier neben den Land-Rover geführt wurde, so daß sie vom Dach des Wagens auf den Kamelrücken klettern konnte. Mit viel Mühe geschah das auch, und so saß sie schließlich hinter einem Berber auf dem Tier und ließ sich gemächlich in den Abend schaukeln. Nur ihr Plan, so in die Oase einzureiten, ging nicht auf. Kurz vor dem Ziel machte ihr der Berber klar, daß es an Orten, die von der Zivilisation noch nicht heimgesucht waren, absolut unüblich war, daß eine Frau hinter einem Mann auf dem Kamel saß. Also mußte Trude absteigen und das letzte Stück zu Fuß hinter dem Kamel herlaufen. Nötig gewesen wäre das alles ohnehin nicht, weil Charly und »Bär« gleichzeitig mit dem inzwischen reparierten Wagen eintrafen. Aber die Hauptsache war, daß Trude sich durchgesetzt und etwas Tolles erlebt hatte.

»Gold« in der Wüste.

Wüstenpläne

Der Sinn dieser Reisen galt nicht der Erholung, sondern sie waren ein wichtiger Teil von Trudes Plänen, ihr Leben neu zu gestalten. Sie sah in sich eine Filmemacherin; dafür wollte sie in Afrika den Beweis antreten und zu Hause ihre Karriere ausbauen. Nicht ohne Selbstironie schrieb sie in ihre ersten Berichte: »… ich sah mich in der endlosen Wüste auf Forschungsreisen, ich sah mich unerhörte Entdeckungen machen.« Auf dem zugehörigen Foto liegt sie bäuchlings im Sand, hat ein Ungetüm von Hut im Nacken und starrt begeistert auf einen großen Goldklumpen vor sich, den sie laut ihrem eigenen Drehbuch gefunden hatte. Zu dieser Zeit – also Mitte der sechziger Jahre – hatte Trude bereits so viele Erfahrungen beim Film gemacht, daß sie sich – wie so oft – sagte: »Das kann ich auch!« Also hatte sie eine komplette Foto- und Filmausrüstung im Gepäck, mit der sie vom ersten Tag an Aufnahmen machte. Zählt man die Kosten dafür zu den Reisekosten hinzu, so sind ihre späteren Angaben glaubhaft, daß sie im Laufe der drei Jahre in diese Projekte zwischen 120000 und 180000 DM gesteckt hat. Allein die Schwarz-Weiß-Bilder gehen in die Hunderte, die Negative dazu hat niemand gezählt, und die Länge der Filmrollen bewegt sich in einer Größenordnung von zehn Kilometern.

Das erste Projekt hieß: »Südwärts durch Sonne und Sand« und hatte einen vorwiegend dokumentarischen Charakter. Das Ergebnis liegt heute noch in zwei Fassungen vor. Einmal als gewaltiger Bildband und einmal in mehreren Filmrollen unter dem Titel »Das Lächeln der Welt«. Die Geschichte beginnt fast im Stil eines Familienalbums mit dem Aufbruch von zu Hause und hält alle Stationen der Reise durch Frankreich und Spanien hinüber nach Marokko und weiter nach Algerien, Tunesien und Libyen fest. Auf dem Weg sahen die Reisenden nicht nur Afrikanisches, sondern auch noch Römisches. Über die Ruinen der Stadt Leptis Magna notiert Trude bezeichnenderweise: »Die Bewohner lebten so ausschweifend, als müßten sie morgen sterben, bauten jedoch, als ob sie ewig leben würden.«

Doch es war nicht das Altertum, das Trude mit der Seele suchte, sondern die Zeit davor, als die Zivilisation noch jung war. Unterwegs begegnete sie nomadisierenden Berbersippen, den dunkelhäutigen Tuaregs. Sie war beeindruckt: »Die Tuaregs sind das kultivierteste Volk unter den Naturvölkern Afrikas. Weitab von aller Zivilisation haben sie sich eine eigene Sprache, eine eigene Schrift, ja sogar eine eigene Literatur geschaffen. Sie sind die freiesten, stolzesten und männlichsten Männer, die ich je gesehen habe. Sie sind freundlich und haben unendlich viel Humor.«

Den hatte Trude auch. Die Bilder zeigen, daß und wie sie sich wegen ihrer Figur und ihres For-

Orden ist Orden.

schungsdrangs ständig selbst verulkte. Ein Höhepunkt war und ist die bereits oft kolportierte Szene, wo sie dem Ortskommandanten von Zuar am Fuße des Tibesti-Gebirges in der Zentral-Sahara einen Orden verlieh. Da ein anderer nicht zur Verfügung stand, nahm sie einen Karnevalsorden aus Köln, den sie zufällig (?) dabeihatte. Hier Trudes Bericht:

»Am Tage nach unserer Ankunft wurde ein großes Fest gefeiert. Es war der sechste Jahrestag der Republik Tschad. Der Tag war dick rot angestrichen im Kalender und *das* Fest des Jahres überhaupt. Alles, was im Umkreis von hundert Kilometern Beine hatte, war zum Fest erschienen: die Soldaten, die Hirten, die stattlichen Kameltreiber und die Würdenträger. ... In Anbetracht von soviel Feierlichkeit und soviel erhebenden Gedanken hielt mich nun auch meinerseits nichts mehr. Ich schritt zur Tat. Angetan mit einem Hut, der sämtliche Präsidentengattinnen und Monarchinnen der Erde vor Neid erblassen läßt, schreite ich zur Estrade und verleihe dem Ortskommandanten einen Orden. Ich nannte ihn ›pour le mérite de l'hospitalité‹, was soviel wie ›Verdienst um die Gastfreundschaft‹ heißt. Und diesen Orden hat er ja auch redlich verdient. Unser Freund trug ihn mit Stolz.«

Jakob und Rahel

Auf der zweiten und dritten Reise nahmen die Filmpläne noch größere Dimensionen an. Trude hatte bemerkt, daß die Szenerien und der Umgang der Menschen miteinander seit biblischen Zeiten weitgehend unverändert geblieben waren. Das brachte sie auf die Idee, hier ihre Lieblingserzählung zu verfilmen: die Geschichte von Rahel und Jakob – in Farbe. Sie hat dazu ein komplettes Drehbuch geschrieben. Als Drehort suchte sie sich eines der entlegensten Gebiete von Obervolta (heute Burkina Faso) aus, wo der Stamm der Fulbe lebt. Das Gebiet war von aller westlichen Zivilisation unberührt, fast niemand konnte lesen oder schreiben, aber die Menschen waren von ungewöhnlicher Schönheit und natürlicher Grazie.

Aus dieser steinzeitlichen Situation ergaben sich erhebliche Schwierigkeiten: Die Menschen waren weder bereit noch in der Lage, etwas zu spielen, was sie nicht waren. Nachdem sie zu den Fremden Vertrauen gefaßt hatten, erhoben sie zwar keine Einwände mehr dagegen, in ihrem täglichen Leben mit dem Auge der Kamera beobachtet zu werden. Aber sie weigerten sich, das zu tun, was Trude von ihnen verlangte.

Das Projekt war zu weit fortgeschritten und Trudes Wille, ihr Ziel zu erreichen, zu groß, als daß dies ein Hinderungsgrund gewesen wäre. Zusammen mit Charly fuhr sie in die Hauptstadt Wagadugu und sprach dort beim deutschen Botschafter vor. Der erwies sich als hilfsbereit und stellte die Verbindung zu Schauspielern her, die am Theater von Wagadugu engagiert waren.

Die Filmemacherin in der Ulknudel.

Nachdem die Auswahl getroffen war, reisten die Darsteller mit Trude und Charly in das nördliche Obervolta, wurden »auf Fulbe getrimmt« und spielten nun die biblischen Szenen nach, die Trude ihnen vorspielte.

Der technische Aufwand war nicht groß. Aufgrund der idealen Lichtverhältnisse konnte man auf die Beleuchtung verzichten. Das ganze Aufnahmeteam bestand nur aus Trude und Charly, der das »Mädchen für alles« spielte. Nach zwei Monaten waren die Arbeiten abgeschlossen, und Trude reiste mit den größten Hoffnungen nach Europa zurück.

Der Absturz

Nun erlebte Trude Herr eine der schwersten Niederlagen ihres Lebens: Niemand wollte ihre Arbeiten haben. Es fand sich kein Filmverleih, kein Produzent, keine Fernsehanstalt, die bereit gewesen wären, die mit größtem Engagement und immensem Kostenaufwand entstandene Arbeit aufzugreifen. Was sie noch mehr enttäuschte, war, daß die Entscheidung noch nicht einmal auf einer Bewertung ihres Materials beruhte. Das wollten die meisten gar nicht erst sehen. »Tut uns leid, Frau Herr«, so hieß es lapidar. »Das paßt nicht zu Ihrem Image. Das nimmt uns keiner ab.« Vermutlich hat Trude Herr in ihrem ganzen Leben nie schmerzlicher erfahren, was es bedeutet, Gefangene des eigenen Image zu sein. So wie kein seriöser Theaterintendant bereit gewesen wäre, eine Büttenrednerin die »Medea« spielen zu lassen, so war kein Medienproduzent bereit, einer Komikerin Kulturfilme abzunehmen. Zu lange hatte sie die Ulknudel gespielt; jetzt hatte dieser Typ sie umklammert. Die vermeintliche Freiheit erwies sich als Knechtschaft. Es nutzte ihr nichts, in der Presse öffentlich gegen ihre Klischees zu rebellieren: »Ich möchte kein Star sein.« Image und Selbstverständnis waren in zwei Welten zerbrochen. Auf dem Weg, den sie beschritten hatte, waren sie nicht mehr zusammenzubringen.

Was die Bilder und Filme betraf, so muß klargestellt werden, daß die Produzenten an keinem ungehobenen Schatz unachtsam vorbeigegangen sind. Das Material zeigt zwar Trude Herrs Talent, ihren treffenden Blick, ihren Sinn für Wirkung, aber die technischen Unzulänglichkeiten sind einfach zu augenfällig. Das Fotomaterial, das sie selbst entwickelt hat, ist so schlecht, daß selbst bei größter Kompromißbereitschaft kaum etwas zu reproduzieren ist. Und was die Filme betrifft, so haben inzwischen verschiedene Experten den Versuch aufgegeben, noch etwas daraus zu machen.

Projekte dieser Art und Größenordnung hätten professioneller angegangen werden müssen. Schon damals bot der Kulturfilm im Kino und im Fernsehen weitaus mehr, als Trude Herr erarbeitet hatte. Das Ergebnis vor allem des »Jakob-und-Rahel«-Films war zudem belastet von einem fundamentalen Mißverständnis: Man kann nicht mit den fortgeschrittensten Mitteln der westlichen

Zivilisation Urzustände des Menschen einfangen und daraus einen Unterhaltungsfilm machen wollen.

An diesen Fehlschlägen hat Trude Herr lange gelitten. Die Filmrollen blieben für sie stets etwas vom Liebsten. Sie hat sie gehütet wie ein Heiligtum – und in ihrem Bauernhaus bei Neuwied schließlich im alten Backofen aufbewahrt, »weil sie da ideale atmosphärische Bedingungen haben und nichts drankommt«. Die Hoffnung, sie eines Tages doch noch einmal zu zeigen und damit das Bild der Ulknudel revidieren zu können, hat sie freilich im Laufe der Jahre begraben.

Die Wüste als Heimat

Das bedeutet allerdings nicht, daß die Wüste für Trude Herr an Bedeutung verloren hätte. Ganz im Gegenteil! Sie blieb der absolute Bezugspunkt, ihre eigentliche, innere Heimat. »Da habe ich das Denken, da habe ich das Schreiben gelernt«, sagte sie immer. Aus allen ihren Äußerungen wird deutlich, daß Trude unter dem Eindruck der Wüste ernster wurde und daß ihr ohnehin schon ausgeprägter Wille sich noch stärker auf Ziele ihrer Selbstverwirklichung richtete, was zugleich bedeutete, daß ihre Kompromißbereitschaft und

Mitte der sechziger Jahre.

Umgänglichkeit abnahmen. Ihre Sprache war, wenn sie sich über die Wüste äußerte, schlicht, echt und ohne Komik, ihr Ausdruck war überzeugend.

»Wenn erst die Helligkeit voll da ist, wenn die Augen tränen, wenn die Lider geschwollen und gerötet sind, wenn der Sand wie Salz in den Wunden brennt, weiß man um die ungeheure Kraft der Wüste. Sie zwingt den Bewohner, ihre Gesetze zu akzeptieren, und wer sie nicht achtet, krepiert an ihr. Wer sie aber liebt, dem gibt sie unendlich viel. Besonders an Orten, die die Zivilisation noch nicht heimgesucht hat. Dort, wo die Schönheit noch keine Blessuren aufweist, wo die Welt einen Glanz hat wie am ersten Tag der Schöpfung. Es ist eine Landschaft, die keine Vergleiche hat und alle Möglichkeiten zuläßt. Sie ist hart, klar, und keine Lüge hat in ihr Platz. Sie verlangt das Äußerste und gibt gleichzeitig alles ... Wer die Einsamkeit nicht erträgt, ist unter diesem Sternenhimmel verloren. Ihre liebsten Kinder jedoch, die Nomaden, die Reisenden, die Ruhelosen nimmt sie liebevoll in ihre Arme. Jene sind die Söhne der Wolken, die das Unstete lieben. Sie sind hingegeben an das für sie Unberechenbare. Aus der Weite und der Leere erwächst ihnen der Rausch der Ungebundenheit. Sie, die Ewiggetriebenen, fühlen sich in ihr geborgen. Dort haben sie ein Zuhause, das nicht einsperrt.«

Zwischen den Zivilisationen

In das »Zuhause« der Wüste ist Trude Herr in
mehr als zwei Jahrzehnten immer wieder zurückgekehrt. Hier hat sie viele ihrer Ideen entwickelt und ausgearbeitet. Immer wieder hat sie
Menschen, die für sie wichtig waren, aus ihrer alten Heimat dorthin mitgenommen. Umgekehrt
hat sie dort immer wieder Menschen kennengelernt, die für ihr Leben in Europa entscheidende
Bedeutung erlangten. Vom Rande der Wüste
stammte der Mann, den sie heiratete. Dort hat sie
den Schlosser kennengelernt, an dem sie jahrelang in völlig irrationaler Weise gehangen hat.
Auf Wüstenfahrten hat sie Klaus Seemann getroffen, mit dem sie 1977 das »Theater im Vringsveedel« gründete. So ist ihr auch Bruno Krupki be-
gegnet, mit dem sie das Theater acht Jahre lang
erfolgreich weiterführte.
Oft waren es sehr ähnliche Situationen, in denen
Trude Herr ihre Bekanntschaften machte. Ohne
auf Warnungen zu achten und ohne alle Gefahren
richtig einschätzen zu können, brach sie in die
Wüste auf und erlitt Pannen, die sie allein nicht
mehr bewältigen konnte. Mehrere Male mußte
sie sich ernsthaft mit der Tatsache auseinandersetzen, daß sie in einer tödlichen Falle saß. Aber
immer kam wie durch ein Wunder jemand des
Wegs, der sie vom Abgrund zurückriß. Es ver-

steht sich, daß solche existentiellen Begegnungen Gemeinsamkeiten begründeten, die mit bürgerlichen Vorstellungen nicht zu fassen sind.

Ihre leicht erregbare Phantasie verwischte manchmal ihr Gefühl dafür, in welcher Zivilisation sie sich gerade befand. Als sie sich einmal von einem Mann, den sie in der Wüste kennengelernt hatte, betrogen fühlte, reagierte sie nun auch in ihrem europäischen Zuhause so, als wäre sie in Afrika. In blinder Eifersucht schoß sie mit ihrem Revolver, den sie sonst nur in der Wüste bei sich hatte, dreimal durch die Fensterscheibe ihres Hauses und sagte: »So, jetzt habe ich dich symbolisch erschossen.« Der gute Mann, der sich keiner Schuld bewußt war, suchte daraufhin verständlicherweise das Weite.

»Man weiß nicht, wo die Groteske aufhört und wo die Tragödie beginnt«, sinnierte Trude. Wo aber hörte die Groteske auf, und wo begann das Absurde?

Umgekehrt nämlich konnte sie sich in der Wüste so intensiv mit Köln beschäftigen, als wäre sie gar nicht auf Reisen. So war es 1980, als sie mit Bruno Krupki, Theo Büchel, der damals Inspizient ihres Theaters war, und dem Autor dieses Buches von Tunis aus in die Wüste aufbrach. Innerlich plante sie die Produktion »Drei Glas Kölsch«, äußerlich beschäftigte sie sich mit einem neuen Geländewagen, den sie gerade gekauft hatte. Nach mehreren Reifenpannen mußte die Reise jedoch abgebrochen werden, und man

Wüstenfahrten wurden gründlich vorbereitet.

»strandete« in einem Touristenhotel auf Djerba. Trude ärgerte daran am meisten, daß sie keine Gelegenheit gehabt hatte, das neue Auto unter Wüstenbedingungen auszuprobieren. Deshalb faßte sie den Plan, es morgens in aller Frühe, noch ehe ein Tourist auf den Beinen war, auf dem Sandstrand von Djerba nachzuholen. Das ging ungefähr sieben oder acht Kilometer gut, aber dann blieb der Wagen im Sand stecken und war nicht mehr von der Stelle zu bewegen. Als die Flut kam, blieb ihr nichts anderes übrig, als den Wagen komplett auszuräumen und alle Dinge, die für eine längere Wüstenfahrt vorgesehen waren, hinter die erste Düne zu bringen, damit das Wasser nicht alles durchnäßte und wegspülte.

Die Flut kam und füllte den Wagen. Die Wellen klatschten von außen gegen die Seite, bis das starke Blech wie eine zerdrückte Konservendose aussah. Der Tag ging vorüber, und die Nacht brach an, ohne daß der Wagen wieder flottgemacht werden konnte. Als kühler Nachtwind aufkam, krochen die vier Abenteurer, die sich mittlerweile alle am Ort des Geschehens eingefunden hatten, in das leicht feuchte und völlig versandete Bettzeug hinter der Düne. Über ihnen wölbte sich der klare Sternenhimmel des Orients, der Lichtstrahl eines nahegelegenen Leuchtturms zuckte regelmäßig über Land und Meer, und hinter ihnen stand ein Land-Rover im Wasser. In dieser Situation, die von einem surrealistischen Maler kaum hätte erfunden werden können, begann

Trude plötzlich zu dichten, und sie sprach und sang erstmals den Text von »Die Stadt«. Drei Monate später eröffnete sie damit im »Theater im Vringsveedel« den Abend »Drei Glas Kölsch«.

Damals war sie vielleicht auf dem Gipfel, auf dem die Spannung zwischen den beiden Zivilisationen sie mit Schöpferkraft erfüllte. Bald ergab sie sich innerlich mehr und mehr der Wüste. In der Erzählung »Das Camp ...« grübelte sie über den Sinn des immerwährenden Versuchs der Menschen nach, dem unendlichen Chaos eine Zivilisation abzuringen. Camp und Wüste gewannen hier eine symbolische Bedeutung.

»Über die Anstrengung ... kann man nur lachen. Die Wüste hat inzwischen wieder alles verschluckt. Den Swimmingpool, die Kantine, den Tennisplatz. Durch die leeren Fensterhöhlen heult der Wind. In ein paar Jahren wird dort ... vielleicht schon wieder eine Düne sein.

Wo sind die Kämpfer? Wo die Leidenschaften? Wo ist der Klatsch geblieben? ...

Das Camp zerfiel mit der Zeit. In den Resten der Air-Condition verfing sich der Wind. Er trug die unbrauchbaren Aggregate weit in die Rub el Khali.

Am längsten überlebte noch das Minarett von der Amelmoschee. Der Morgen beginnt dort, wie jeder Morgen dort beginnt. Die Konturen sind nur schwach zu erkennen. Die Luft ist kühl und angenehm, aber es ist ein Wehgeschrei über der Wüste, ein Klagen, fast alttestamentarisch.«

Ahmed M'barek

Das Leben in zwei Zivilisationen bereicherte
Trude Herr nicht nur, sondern schuf – wie man
schon beim Projekt »Jakob und Rahel« sehen
konnte – auch schlimme Mißverständnisse. Noch

Ahmed M'barek 1968.

ein zweites Mal in ihrem Leben ist Trude einem verhängnisvollen Irrtum aufgesessen und hat dabei schweren Schaden angerichtet. Die Episode begann zu der Zeit, als Gustl Schellhardt starb. Trude nahm seinen Tod ohne große Sentimentalität hin. Vergangenes war vergangen; es durfte kein Klotz am Bein werden. Ihre Lebenskurve war noch lange nicht erfüllt, und auf der Reise, von der sie damals gerade mit Hochgefühlen zurückgekehrt war, hatten sich neue Zukunftsperspektiven ergeben. Sie verdichteten sich in einem Namen: Ahmed.

Ahmed M'barek war ein bildschöner Tunesier, der damals 26 Jahre alt war. Da er später vorübergehend Trudes einziger Ehemann wurde, ist seine Geschichte kein Geheimnis, sondern aller Welt bekannt. Er war der Sohn eines Hotelbesitzers in Monastir, einem Ort in Tunesien, der damals gerade erst vom deutschen Massentourismus entdeckt wurde. Trude, so lautete ihre durchaus glaubhafte Erzählung, hatte am Wüstenrand wieder einmal einen Autoschaden gehabt, den sie, so gut es ging, selbst behoben hatte. Dann fuhr sie, dreckig wie sie war, zu einem Hotel, und das war zufällig das Hotel von Vater M'barek. Beim Aussteigen aus dem Wagen stand sie Ahmed gegenüber.

Daß er sich in Trude verliebt hat, soll eine Angelegenheit von Sekunden gewesen sein. Er begeisterte sich für diese Frau, die auf ihn exotisch wirkte. Von Gesicht aus war Trude ja immer schön. Daß sie eine Körperfülle hatte, mit der sich eine Frau in Mitteleuropa in aller Regel erotisch disqualifizierte, spielt in arabischen Ländern bekanntlich eher eine positive Rolle. Und es ist nicht zu bestreiten, daß Trude Herr rundherum eine beeindruckende Persönlichkeit war. Daß sie auf ihn einging, beglückte ihn. Wirtschaftliche Gründe können – zu Beginn jedenfalls – sein Interesse nicht begründet haben.

Trude war ihrerseits von dem Zauber des jungen Orientalen entzückt, nicht zuletzt deshalb, weil er von Berbern abstammte. Daß sie vierzehn Jahre älter war, spielte für beide keine Rolle. Für Trude hätten Überlegungen dieser Art in ein Denkschema gehört, das sie ablehnte. Ihre unbürgerliche und unkonventionelle Art haben bei ihr sowieso kaum Gedanken an ihr Alter aufkommen lassen. Hinzu kam, daß Ahmed ihr damals noch überlegen war; er konnte sie mit Witz und Humor ganz souverän auffangen, wenn sie »Krach« machte, und sie ließ es denn auch geschehen. Seine Art muß Balsam für ihre Seele gewesen sein.

Das Rollenspiel zwischen beiden funktionierte auch – zunächst, und solange man noch in Ahmeds heimatlicher Umgebung war. Hier schaffte sie es, so etwas zu sein wie eine Frau, die dem Mann einen Vorrang einräumt. Ja, das konnte sie, jedenfalls solange sie keine Europäerin zu sein brauchte. Als beide dann in Trudes heimatliche Umgebung wechselten, wurde es schwieriger. Hier war sie Trude Herr, die große, bekannte Schauspielerin, die selbständig viel Geld verdiente, der die Leute nach den Augen schauten, die etwas bewegen konnte und die kaum Privatleben hatte. Da gab es auch schon mal »Krach«, mit dem Ahmed aber fertig wurde – anfangs jedenfalls.

In Nippes und in der Brinkgasse war man entzückt von dem neuen Mann. Man hatte sich daran gewöhnt, daß Trude nicht nach landläufigen Mustern funktionierte. Ahmed wurde in den Freundes- und Familienkreis integriert, und bald waren die Verliebten in Köln, bald waren sie in Monastir zusammen. Trude zog sich aus dem aufreibenden Leben in der Stadt zurück und mietete in Loope bei Engelskirchen ein komfortables Haus mit Garten.

1969 machte das Paar einen längeren Urlaub in der Türkei. Diesmal waren wieder Gigi und ein Freund mit von der Partie. Hierbei nahmen die »Kräche« zwischen den nicht mehr so Verliebten aber in einem Maße zu, daß die beiden anderen froh waren, nach vier Wochen die Reise allein fortsetzen zu können. Sie waren überzeugt, daß die Romanze ihr Ende gefunden haben würde, wenn sie nach Hause kamen. Sie waren aber nahezu sprachlos, als sie nach Köln zurückkamen und hörten, daß Trude und Ahmed geheiratet hatten. Bohrenden Nachfragen, warum sie das denn getan hätte, wich Trude aus, oder sie gab ganz unsentimentale, praktische Gründe an: Sie

Ahmed M'barek 1970.

habe nur zum eigenen Vorteil geheiratet. In arabischen Ländern sei es für eine unverheiratete Frau unmöglich, sich überall frei zu bewegen.

Wenn jemand sie darauf aufmerksam machte, eine Ehe sei ja nun eine sehr starke Bindung, die mit andauernden Verpflichtungen verbunden sei, dann hielt sie dagegen: »Die Scheidung ist ganz einfach. Dann brauche ich nur drei Steinchen über die linke Schulter zu werfen und dreimal zu sagen ›Ich verstoße dich, ich verstoße dich, ich verstoße dich‹, dann ist die Ehe aufgelöst.« Sie schien zu glauben, daß das auch für Frauen galt und daß das islamische Recht keinerlei Voraussetzungen kannte, unter denen Ehepartner sich verstoßen können.

Die Skepsis ihrer Umgebung erwies sich leider als berechtigt. Ahmed hielt die Rolle als Prinzgemahl, der in Abhängigkeit von seiner Frau leben mußte, nicht durch. Da half auch nichts, daß Trude ihm gelegentlich Jobs verschaffte oder daß sie ihn in ihre Theaterstücke einbaute. Alle für ihn möglichen Tätigkeiten wurden im Vergleich zu dem, was seine Frau verdiente, mit Hungerlöhnen bezahlt. Aus Frust begann er zu essen und noch mehr zu trinken. Er ging in die Breite, wurde häßlich und widerwärtig. Er giftete seine Umgebung immer mehr an. Schließlich war er eindeutig alkoholabhängig, und seine aushäusigen Beziehungen wollte selbst Trude in ihrer Großzügigkeit nicht mehr hinnehmen.

1976 fand sie, daß der Zeitpunkt der Trennung

gekommen sei. Sie schickte Ahmed buchstäblich in die Wüste, und alle Welt nahm auf dem Umweg über die Presse wieder Anteil an Trude Herrs Schicksal. Originalton Trude: »Er hatte zu trinken begonnen. Ich hätte etwas tun müssen. Er ist an der hiesigen Zivilisation kaputtgegangen. Aber als ich seine Sucht entdeckte, war es schon zu spät ...«

Die Scheidung wurde nicht nach afrikanisch-nomadischem, sondern nach europäisch-bürgerlichem Recht vollzogen. Die Entschädigungszahlungen, die Trude auferlegt wurden, waren erheblich. Ahmed kehrte zurück nach Tunesien, wo er weiter dem Alkohol zugetan blieb. Er wurde später in einen Autounfall verwickelt, an dem er nicht ganz unschuldig gewesen sein soll und der für ihn Folgen hatte. Danach verlief sich seine Spur im Sande. Nur wenn Trude mit ihrem Wagen in Tunesien ankam, beeilte sie sich, rasch weiterzukommen, um niemandem von der Sippe der M'bareks zu begegnen. Offiziell und nach bürgerlichem Recht hat sie den Namen ihres Mannes behalten.

Volkstheater

Höhepunkt und Krise

Die Scheidung von Ahmed M'barek stand am Ende der Entwicklung, die mit den ersten Wüstenreisen Mitte der sechziger Jahre begonnen hatte. Die ersten Reisen waren unter anderem die Folge einer persönlichen Krise, in die Trude Herr damals mehr und mehr hineingeriet. Sie suchte nach neuen Aufgaben und einem neuen Selbstverständnis. Das stand hinter dem Versuch, sich mit den Wüstenprojekten als Filmemacherin zu etablieren. Damit erlitt sie zwar eine empfindliche Niederlage, einen Imageverlust hatte sie jedoch keineswegs zu beklagen. Das Leben ging weiter – und wie! Trude Herr war gefragt wie eh und je: Filmaufnahmen, Plattenaufnahmen, Karnevalsrevuen, Schlagertourneen, Fernseh-Auftritte, Interviews usw. usw.

Dennoch verlor der Bogen ihrer Karriere gerade in dem Moment an Spannung, als er auf seinem Höhepunkt war. Dem Gesellschaftskarneval hatte sie abgesagt. Die Zeit der Varietés war vorbei, der »Kaiserhof« schloß seine Pforten. Nach ihrer letzten Karnevalsrevue »E Gläsge Kölsch«, die 1961 herauskam, stand sie in Köln für fast ein Jahrzehnt nicht mehr auf der Bühne. Im Unterhaltungsfilm war kein Terrain mehr zu erobern, und je weiter die Jahre fortschritten, um so mehr

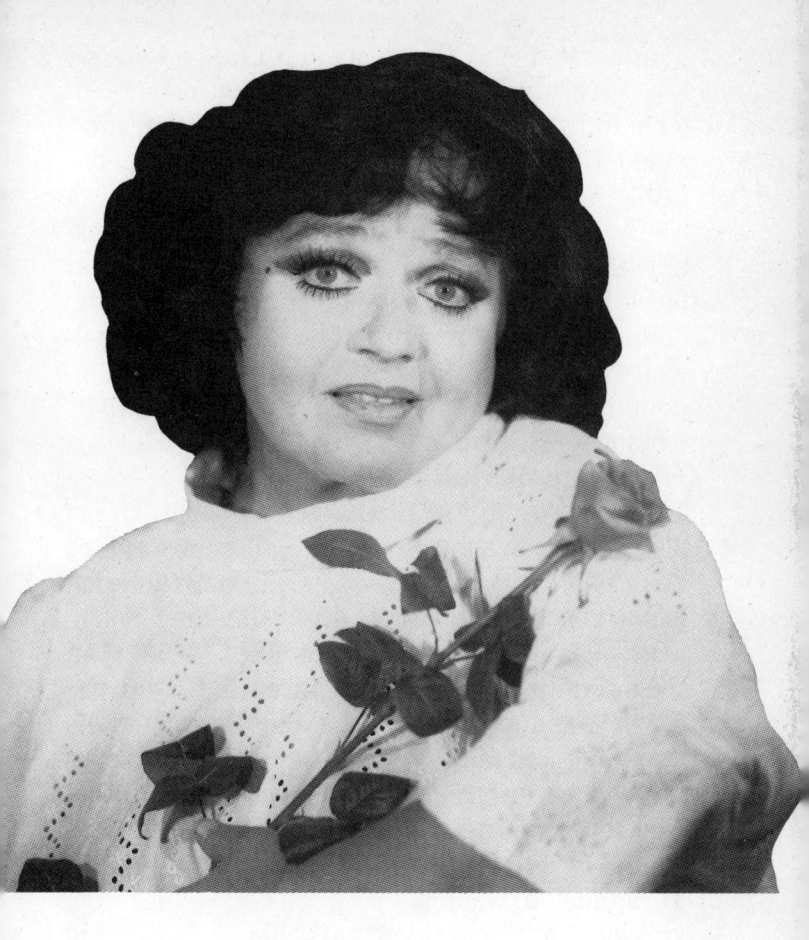

dämmerte dieses Genre seinem Ende entgegen. Das Fernsehen hatte sich mit seinen neuen Unterhaltungsformen endgültig durchgesetzt. Eine junge Generation von Künstlern eroberte die Bühnen und bot inhaltlich und stilistisch etwas Neues, gegen das die älteren Unterhaltungskünstler plötzlich verblaßten. Viele der bis dahin berühmten Künstler verschwanden aus den Medien, teilweise für Jahre und Jahrzehnte, teilweise für immer. Massive Kritik kam aus der Studentenbewegung, die den politischen Charakter der harmlosen »bunten Unterhaltung« früherer Jahrzehnte aufs Korn nahm.

Trude sah diese Entwicklungen vielleicht klarer als viele ihrer alten Kollegen, von denen später keiner mehr sprach. Ihre eigene Zukunft ließ sich leicht abschätzen: Durch ihre Film- und Schlagererfolge war ihr der Weg zu einer Theaterkarriere grundsätzlich verbaut. Ihren selbst entworfenen Weg durch die Wüste zum Film wollten die anderen nicht mitgehen. Eine andere Alternative tat sich vorerst nicht auf. Teilweise aus diesen Einsichten, teilweise auch aus Erschöpfung sagte sie: »Ich will kein Star mehr sein. Ich fühle mich am wohlsten, wenn keiner mich beobachtet.« Sie kündigte an, schreiben zu wollen. In Tat und Wahrheit schrieb sie damals immer noch und immer wieder an ihrem Projekt »Jakob und Rahel«. Aber das wußte niemand, und man traute es ihr auch nicht zu.

Die Öffentlichkeit nahm das genaue Gegenteil

wahr. Wenn man längere Zeit von Trude Herr nichts mehr gehört hatte, oder wenn sie in eine Umgebung kam, in der man sie noch nicht kannte, da wußte sie stets die Aufmerksamkeit derart auf sich zu ziehen, daß man wieder von ihr sprach. Ganze Pressearchive geben davon beredtes Zeugnis. Nie gab sie Ruhe. Ihr Terminkalender war immer voll, schöpferische Pausen außerhalb der Wüste kamen kaum vor. Wie von Furien getrieben, jagte sie von Auftritt zu Auftritt, wo sie die »Stimmungskanone« machte, von Filmstudio zu Filmstudio, wo sie die »Ulknudel« machte, und von Tonstudio zu Tonstudio, wo sie neue Schlager produzierte. Auf ihre Umwelt wirkte ihre Betriebsamkeit oft wie eine Manie.

Das liebe Geld

Was immer die künstlerischen und psychologischen Gründe dafür sein mochten, es gab auch handfeste wirtschaftliche. Das ganze Leben von Trude Herr war ein Hochseilakt ohne Netz und doppelten Boden. Sicherheiten gab es in keiner Form. Schon in den fünfziger Jahren hieß es in ihrem Freundeskreis: »Wenn Trude zehn Mark verdient, gibt sie zwanzig aus.« Diese Verhaltensweise änderte sich auch später nicht.

Die monatelangen Reisen in die Wüste waren betriebswirtschaftlich betrachtet keine Investition, sondern reiner Konsum. Gustl Schellhardt lebte mit von ihrem Einkommen, und auch in anderen Beziehungen schaute Trude nicht auf den Pfennig. Ihre Arbeitswut nahm daher den Charakter eines Wettlaufs mit der Unfreiheit an, die ihr gedroht hätte, wenn der Geldstrom einmal versiegt wäre. Das Risiko, sich in mehrjähriger Abgeschiedenheit zu regenerieren und künstlerisch noch einmal neu anzusetzen, konnte sie nicht auf sich nehmen. Ihr hätte ein gefährlicher Absturz gedroht, wenn sie weder auf der einen noch auf der anderen Schiene weitergekommen wäre.

Nachweislich hat Trude nur einmal Schwierigkeiten gehabt, viel Geld auszugeben. 1965 – es war die Zeit der ersten großen Wüstenreisen – hatte sie ein einwöchiges Engagement in der damaligen DDR. In einem etwas heruntergekommenen Ford Capri und in Begleitung ihrer Nichte Gigi fuhr sie nach Leipzig, wo sie jeden Abend auf der Bühne stand. Zwischendurch fuhr sie nach Ostberlin, um Film- und Fernsehaufnahmen zu machen.

Die gesamte Gage der Woche belief sich auf 30000 Mark Ost. Das war eine für dortige Verhältnisse unvorstellbar hohe Summe, wenn man bedenkt, daß ein durchschnittliches Jahresgehalt damals so um die sechs- bis siebentausend Mark Ost lag. Der Haken war nur, daß Trude das Geld nicht ausführen durfte. Also mußte es innerhalb einer Woche ausgegeben werden. Allerdings benötigte sie für alle Waren, die sie mitnehmen wollte, eine Ausfuhrerlaubnis. Die erhielt sie aber nur im Einzelfall, das heißt nach Angabe der Waren, die sie ausführen wollte. Erst nachdem sie ultimativ angedroht hatte, nicht mehr auf die Bühne zu gehen, änderten die Behörden ihr Verhalten.

In jeder freien Minute waren Trude und Gigi in irgendwelchen Geschäften unterwegs. Sie kauften Porzellan, Antiquitäten, Bücher, eine Fotoausrüstung, Scheinwerfer, Schallplatten und Unmengen von Kleinigkeiten, die man verschenken konnte. Als sie am letzten Tag mit ihrem völlig überlasteten Auto bei der Agentur vorfuhren, um sich zu verabschieden, hieß es: »Ach, wie schön, daß sie noch einmal vorbeikommen, Frau Herr. Hier sind noch ihre letzten fünftausend Mark ...«

Die Zusammenbrüche

Es war paradox: Gerade wegen der Konsequenz ihrer Lebensgestaltung mußte Trude Herr die Inkonsequenz begehen, auf Erholungspausen zu verzichten, die für eine sinnvolle Lebensgestaltung notwendig sind. Sie forderte ihrer Seele und ihrem Körper das Äußerste ab. Ihr Leben wurde ein wilder, furioser Tanz – bis sie zusammenbrach. Das geschah im Laufe der Jahre mehrmals. Zuerst 1965, in dem Jahr, in dem ihr Körper auf der Wüstenreise bereits durch die Malaria geschwächt worden war. Trude sank in ihrer Wohnung plötzlich zu Boden, wand sich und schrie vor Schmerzen. Niemand begriff zuerst, was los war. Sie hatte Nierensteine. Doch auch als sie entfernt waren, hörten die Schmerzen nie ganz auf. Trude erklärte sich das mit einer Verletzung des Steißbeins, die sie sich zugezogen haben wollte, als sie bei Filmaufnahmen von einem Kollegen in den Hintern getreten werden mußte und dabei unglücklich getroffen worden war.

Die Erklärung reichte ihr aus, die jahrelang wiederkehrenden Anfälle auszuhalten und zu ignorieren. Zu den Tabletten, die sie ohnehin schon nahm, kamen neue hinzu. Weil sie – außer bei der Arbeit – zu kaum einer Art von Systematik fähig war, nahm der Konsum der Medikamente nach und nach groteske Formen an. Sie schüttete alle in einen Beutel, der überall mit hingenommen wurde und der auch in glühender Sonne auf der Ablage im Auto liegenblieb, griff hin und wieder in diesen Beutel, nahm sich ein Händchen voll Pillen heraus und schluckte sie. Es grenzt an ein Wunder, daß dabei nie etwas Schlimmes passierte.

Nach einigen Jahren nahmen die Anfälle Formen an, die ohne ärztlichen Beistand nicht mehr zu bewältigen waren. Doch die Ärzte waren zunächst hilflos. Sie ahnten zwar, daß es nicht das Steißbein, sondern die Niere sein konnte, aber auf dem Röntgenbild konnte man die Niere nicht genau ausmachen. Die Niere hatte sich bereits so vergrößert, daß man im eigentlichen Umfeld vergeblich nach ihrer Kontur suchte. In einer rasch eingeleiteten Operation wurde die Niere entfernt. Das brachte eine erhebliche Erleichterung, und Trude hat mit der verbleibenden Niere keine Probleme mehr gehabt. Dennoch hatte ihr Körper eine lange und schädigende Krise durchgemacht. Einer der Gründe für die Belastungen, die sie ihrem Körper zumutete, war ihre absolute Bühnendisziplin. Künstlerische Verpflichtungen hielt Trude Herr grundsätzlich ein. Im Laufe der Jahre kam es wiederholt vor, daß sie sich gegen den Rat der Ärzte und auf eigene Verantwortung aus der Klinik zum Theater fahren und nach der Vorstellung sofort wieder zurückbringen ließ. Jeder, der sie kannte, wußte, daß sie keine hysterischen Anfälle spielte, sondern unter schweren körperlichen Qualen litt. Doch während sie auf der Bühne stand, hat kein Zuschauer es je bemerkt. Ihre Arbeitsbesessenheit nahm je länger um so mehr den Charakter einer Flucht vor dem Tod an. Trude war sich darüber im klaren, daß ihr Körper die Belastungen nur begrenzte Zeit aushalten würde. Sie entschied sich aber dafür, das Maximum aus ihrer Zeit zu machen, statt umgekehrt die Zeit zu verlängern, indem sie weniger daraus machte.

Ich sage, was ich meine ... Porträtstudie des Fotografen
ZIK, verwendet für das Cover der Langspielplatte und des
Erzählbändchens, 1987.

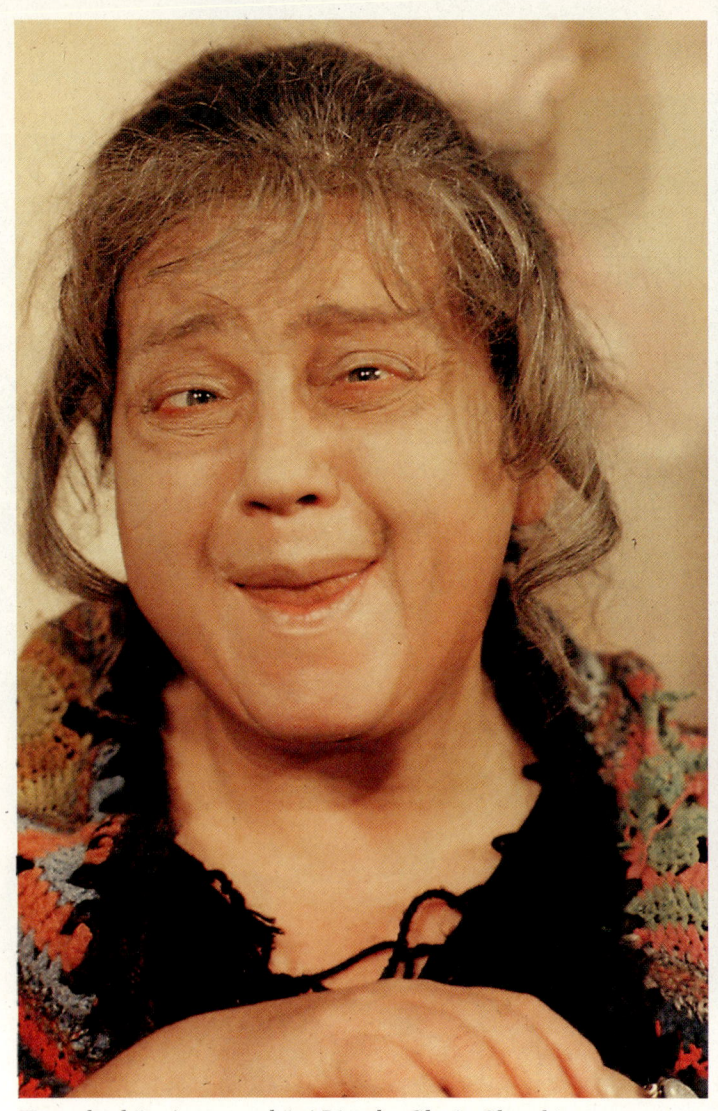

Einmal schön, immer schön! Die alte Gloria Gleuel in
»Frankensteins Schwiegermutter«, 1981.

*Glauben Sie mir jetzt?! Die von der Zeitmaschine des
Dr. Frankenstein verjüngte Gloria Gleuel, 1981.*

*Keiner kann alles allein! Bruno Krupki lenkte viele Jahre
das Schiff und das »Theater im Vringsveedel«.*

*Linke Seite: Juhuu, jetzt bin ich total entfesselt! Trude Herr
kaufte sich 1984 ein Schiff.*

Zwei Dicke sind immer komisch. Trude Herr mit Klaus Dahlen in »Fröhliches Beileid«, 1983.

Niemals geht man so ganz! Abschiedsvorstellung mit Wolfgang Niedecken und Tommy Engel, 1987.

Es gibt noch Paradiese! Trude Herr auf den Fidschi-Inseln, 1990.
Jahre spielen keine Rolle! Trude Herrs letzter Lebens-gefährte Samuel Bawesi war dreißig Jahre jünger.

Das Meer ist ein bißchen wie die Wüste! Am Rande des unendlichen Pazifik fühlte Trude sich glücklich.

Vom Leben gezeichnet – Trude Herr nach ihrer Bypass-Operation von 1987.

Ihr Körper wurde indessen nicht nur durch Arbeit ausgelaugt, sondern auch durch ihren Hang zum Genuß belastet. Essen, Trinken und Rauchen stellten nach Qualität und Quantität eine permanente Belastung ihres Organismus dar. In den achtziger Jahren stellten sich gesundheitliche Folgeschäden ein. Trude Herr litt unter Gichtanfällen und Diabetes, ohne daß sie systematisch und nachhaltig gegengesteuert hätte. Die Gallenblase mußte entfernt werden. Der extreme Zigarettenkonsum zeigte seine verheerenden Wirkungen: Es kam zu massiven Durchblutungsstörungen der Beine, so daß ihr bereits die Amputation des »Raucherbeins« drohte. Dieses schreckliche Schicksal wurde zwar mit künstlichen Venen und Bypässen abgewendet, aber danach konnte Trude nur noch unter größten Qualen gehen.

Nach dem ersten Jahr auf den Fidschiinseln kehrte sie eigens noch einmal nach Deutschland zurück, um sich erneut operieren zu lassen. In den letzten Lebensjahren mußte sie größte Einschränkungen ihrer Beweglichkeit hinnehmen und war auf Hilfe angewiesen. Es wurde immer deutlicher, daß dieser Körper dem Willen, der ihn regierte, irgendwann – und nicht erst im hohen Alter – den Dienst versagen würde. Kennzeichnend ist, daß Trude Herr schließlich nicht an irgendeinem der genannten Leiden starb, sondern an Herzversagen.

Protest gegen die Neo-Nazis

Kehren wir wieder zurück in die sechziger Jahre! Insgesamt sind sie bei Trude Herr weniger durch künstlerische als durch persönliche und private Entwicklungen gekennzeichnet. In diese hinein spielten Veränderungen in Gesellschaft und Öffentlichkeit. Das Leben wurde politischer. Auf der einen Seite bildete sich die Studentenbewegung aus, die der bundesrepublikanischen Gesellschaft einen schmerzhaften Umbruch zumutete, aber auch zu einer neuen Identität verhalf; andererseits erhoben die alten Nazis, die lieber zum Gestern und Vorgestern zurückkehren wollten, erneut ihr Haupt. Sie massierten sich zu bedrohlichen Größenordnungen in der »Nationaldemokratischen Partei Deutschlands« (NPD). Und die brachte Trude Herr, die sonst eher Distanz zu Politik und Parteien hielt, auf die Palme und auf die Straße.

Im Januar 1967 fand ihre Nichte Gigi in ihrem Briefkasten eine Postwurfsendung, auf der zu einer Versammlung der NPD im Lokal »Kempener Hof« in Nippes eingeladen wurde. Aufgeregt rief sie bei ihrer Mutter Agi, bei Trude und bei Schellhardt an, die ihre Empörung sofort teilten. Sie alle waren während des sogenannten Dritten Reichs Betroffene gewesen und hatten unter dem Regime zu leiden gehabt. Es war für sie deshalb keine Frage, daß man etwas tun, ein Signal geben mußte, damit nicht der Eindruck entstand, allen sei diese neue Entwicklung egal oder die Neo-Nazis könnten mit Duldung oder gar Zustimmung rechnen.

Trude beteiligte sich erstmals und wohl auch einmalig aktiv an der Organisation einer Demo. Zusammen mobilisierten sie etwa fünfundzwanzig Teilnehmer und beantragten ordnungsgemäß eine polizeiliche Erlaubnis, die auch erteilt wurde. Bei Agi, die damals in Nippes eine große Fahrschule hatte, wurden große Plakate gemalt, auf denen stand: »1000 Jahre sind genug!« oder »Polenmorde – Dachau – Neuengamme« oder »Ende der Demokratie mit der NPD«. Viele Plakate zeigten nur ein Hakenkreuz. Mit diesen Schildern bildeten die Demonstranten vor dem Lokal ein Spalier, durch das alle Teilnehmer der NPD-Versammlung erst gehen mußten. Die Polizei war anwesend, achtete aber nur darauf, daß die Fußgänger und der Verkehr nicht behindert wurden. Zu irgendwelchen Ausschreitungen oder anderen Vorfällen kam es nicht.

Da die berühmte Trude Herr selbst mitmachte, bekam der Protest natürlich eine ganz andere Dimension. Die Presse war zahlreich vertreten, und darüber empfanden alle Teilnehmer große Ge-

Rechte Seite: Glückliche Tage im Haus auf dem Lande, ca. 1975.

nugtuung. Diese steigerte sich nochmals erheblich, als ungefähr zwei Monate später eine Teilnehmerin der Demo von einem längeren Irland-Urlaub zurückkehrte und ein Paperback über »Neonazism in Germany« mitbrachte. In dem brandaktuellen Buch befand sich auch ein Foto von der Nippeser Gegendemo.

Aufbruch zur Volksschauspielerin

Die Krise der Unterhaltungskultur und Trudes persönliche Krise führten Ende der sechziger Jahre zu tiefen Umbrüchen. Damit endete ein Bogen, der sich über die zehn zurückliegenden Jahre ihrer Karriere spannte: Trude Herr filmte praktisch nicht mehr, sie gab ihre Mitwirkung an den großen Schlagerrevuen auf, sie zog aufs Land in ein Haus mit Garten, und sie heiratete einen Mann, dem sie nach Tunesien folgen wollte; angeblich, so war in allen Zeitungen zu lesen, wollte sie dort eine Bar aufmachen. Gleichzeitig erteilte sie in mehreren Interviews dem »Blödsinn«, den sie bis dahin gemacht hatte, eine Absage. Wieder kündigte sie an, schreiben zu wollen, aber auch diesmal nahm es noch niemand ernst – teilweise deshalb, weil sie immer noch mit einem Solo-Programm, das aus Schlagern und Conférencen

»bunt gemischt« war, zwischen Sylt und Bad Tölz durch alle deutschen Kur- und Badeorte tingelte. Keine dieser Aktivitäten deutet darauf hin, daß Trude Herr ein neues Konzept gehabt oder daß sie zielgerichtet zu neuen Ufern oder Lebensformen aufgebrochen wäre. Hektik und Rigorosität, mit denen sie neue Tatsachen schuf, sprechen eher dafür, daß sie Brücken abbrechen wollte, um den Rückzug unmöglich zu machen. Das war zumindest eine ihr gemäße Verhaltensweise. Das Neue würde sich schon finden, wenn man erst einmal das Alte aufgegeben hatte – und es fand sich auch.

1969 faßte Trude Herr den Entschluß, große Bühnenrollen zu spielen. Das hatte sie bis dahin noch nie getan. Beim »Theater am Vorhang« war es Statisterie, bei Millowitsch waren es Nebenrollen gewesen; die Büttenreden und die Sketche waren ein Fall für sich, ebenso die Filme. Die Schlagerrevuen beruhten auf einem professionell erarbeiteten Vortrag, nicht auf einer durch und durch gestalteten Rolle. Das wollte sie jetzt. Sie suchte sich ein passendes Stück und ging damit zu dem Kölner Gastspieldirektor Otto Hofner.

Hofner war ein seriöser Impresario alter Schule. Er hatte Trude Herr schon 1957 im »Kaiserhof« kennengelernt und sie in seine großen Schlagerrevuen geholt, die landauf, landab in allen Städten zu sehen waren. Er war Trude in Bewunderung zugetan, und auch sie fühlte sich ihm freundschaftlich verbunden. Erst als sie ihr eige-

Mit Produzent Otto Hofner, 1976.

nes Theater eröffnete, trennten sich ihre Wege.
Ungeachtet seines Gentlemanstils hatte der Unternehmer Hofner ein untrügliches Auge für die
Bewegungen in der Unterhaltungsbranche. Nie
hätte der deutsche Manager und Freund von Zarah Leander, Marika Rökk und anderen Größen
der leichten Muse die Nase über Volkstheater
oder Karneval gerümpft. Solange man Menschen
gut unterhalten konnte, tat er es. Köln verdankt
dem gebürtigen Münchner die Erfindung der
karnevalistischen Massen-Sitzung »Lachende
Sporthalle«, die Hofner zunächst in Dortmund

ausprobierte und dann in Köln zu einem triumphalen Erfolg führte. Viele Jahre ist Trude auch bei diesen Veranstaltungen aufgetreten, hauptsächlich Hofner zuliebe, der viel für sie tat.

Ende der sechziger Jahre ordnete Willy Millowitsch mit Hilfe von Hofner die Struktur seines Theaters neu. Das Problem eines Theaterinhabers, der selbst sehr viel spielt, besteht darin, die Kapazität seines Hauses möglichst gewinnbringend auszulasten. Diese Erfahrung sollte auch Trude später noch machen. Millowitsch konnte nicht regelmäßig seine eigenen Stücke herausbringen, anschließend damit in anderen Städten gastieren, persönliche Verpflichtungen als Schauspieler bei Film und Fernsehen erfüllen und auch noch dafür sorgen, daß in seiner Abwesenheit andere Ensembles sein Theater nutzten. Andererseits war es physisch und technisch unmöglich, das ganze Jahr über das eigene Haus mit ständig wechselnden eigenen Produktionen zu füllen.

Deshalb verpachtete er sein Theater an Otto Hofner, der dafür zum Produzenten seiner Stücke wurde. Diese Stücke wurden im Millowitsch-Theater herausgebracht und dann von Hofner auf Tournee geschickt. Währenddessen sorgte Hofner dafür, daß im Millowitsch-Theater andere Produktionen herauskamen. Die Zahl der Berühmtheiten, die er im Laufe der Jahre in das Haus an der Aachener Straße brachte, ist kaum noch zu überschauen.

»Die Perle Anna«

Hofner war erfreut, als Trude Herr mit ihren neuen Vorstellungen auftauchte. Als erste große Rolle hatte sie sich mit sicherem Instinkt »Die Perle Anna« von Marc Camoletti ausgesucht. Das Stück war mit Ursula Herking in der Titelrolle gerade in München erfolgreich über die Bühne gegangen. Es handelt sich um eine harmlose Seitensprung-Geschichte aus dem Pariser Herrschaftsmilieu. Dreh- und Angelpunkt ist das Dienstmädchen Anna, das davon profitiert, sich immer im richtigen Moment dumm stellen zu können.

Hofner engagierte – nicht ohne Trudes Einflußnahme – ein ihr angemessenes Starensemble: Edith Teichmann, die später im »Busenkrieg« gegen Mady Rahl ausgetauscht wurde, Hans von Borsody, der zu Probenbeginn für den plötzlich verstorbenen Horst Muys einsprang, und Bernd Hoffmann, der gerade zwei erfolgreiche Jahre mit dem Musical »Anatevka« hinter sich hatte. Ruprecht Gier war der Regisseur, der sich Trudes Wunsch beugen mußte, die Pariser Herrschafts-Perle mit kölschem Tonfall zu gestalten. Das legendäre Box-Idol Peter Müller (»die Aap«) erteilte Hofmann vorher noch äußerst öffentlichkeitswirksamen Boxunterricht. Der Besetzungszettel führte Ahmed M'barek als technischen Mitarbeiter auf, der wegen seines schwierigen Namens von vielen aber lieber als »Herr Herr« angeredet wurde.

Am 16. September 1970 war Premiere. Es wurde ein großer Erfolg für alle, besonders aber für Trude Herr. Neun Jahre hatte sie in Köln nicht mehr auf der Bühne gestanden. Als der Vorhang aufging, wurde sie mit donnerndem Applaus begrüßt, und am Ende mußte sie wieder und wieder an die Rampe kommen. Sie hatte nicht nur eine große komische Rolle großartig gestaltet und eine ganze Vorstellung durchgehalten, sondern sie hatte sich mit ihren Tönen auch als neue Identifikationsfigur des Volkstheaters dargestellt. Als »Perle Anna« hatte sie schauspielerisch Neuland betreten, auf dem sie sich entwickeln konnte. 1970 und '71 spielte sie fast ausschließlich die Anna. Das Stück wurde zu einem Kassenschlager in allen deutschsprachigen Ländern. Der Busenkrieg, der natürlich das gefundene Fressen für die Boulevardpresse war, hatte an dem finanziellen Erfolg des Stücks keinen geringen Anteil.

Bald kam es zu neuen Engagements – besonders beim Westdeutschen Fernsehen, wo Trude Herr die Serie »Klamotten-Kugeln« drehte: eine harmlose Folge von Blödel-Sketchen, die im Vorabendprogramm ausgestrahlt wurde. Es kamen Schallplattenaufnahmen hinzu, von denen »Mamma, ich ben eso bang« der größte Erfolg wurde. Daneben gab es hier und da Einzelauftritte mit ihrem musikalischen Programm.

In diesen Jahren lernte Trude den Medienberater Manfred Schmidt kennen, der sich bald zu einem führenden Vertreter seiner Branche entwickelte. Später, als Trude sich von Hofner gelöst hatte, arbeitete er auch für Trude Herr. Er ist in Sachen Medien bis zum Ende treu an ihrer Seite geblieben.

Die Stückeschreiberin

Trotz des neuerlichen großen Erfolges waren von Trude Herr bald schon wieder kritische Töne zu hören. Sie könne die »Perle Anna« nicht mehr spielen. Überhaupt seien alle diese Stücke »Kakke«. »Die Dienstmädchen und das ganze Drumherum gibt es doch heute gar nicht mehr«, maulte sie. Es müsse endlich mal was Neues auf die Bühne, etwas aus dem heutigen Leben. Hier wurde eine Forderung nach Qualität laut, die man in den Jahren, in denen Trude belanglose Filme gedreht hatte, nicht gehört hatte. Sie entwickelte in künstlerischen Dingen wieder ihre ursprüngliche Konsequenz, die sie jahrelang wirtschaftlichen Überlegungen geopfert hatte.
Trude Herrs Kritik an den alten Stücken wurde geteilt von ihrem Kollegen Bernd Hoffmann, der in der »Perle Anna« den Boxer spielte. Da beide

auf den Tourneen oft und lange zusammen waren, heckten sie den Plan aus, selbst ein Stück zu schreiben. Anfang 1972 war es fertig, und Otto Hofner erklärte sich bereit, das Stück zu produzieren. Mitte September 1972 hob sich im Kölner Millowitsch-Theater der Vorhang zu Trude Herrs erstem, wenn auch noch nicht ganz allein geschriebenen Stück: »Die Familie Pütz.«

Damit hatte sie ein Ziel erreicht, von dem sie lange geträumt hatte: Sie war zur Autorin geworden. Obwohl sie unendlich viel dazulernen mußte, knüpfte sie doch an ihre Büttenreden und Sketche an, die sie in den fünfziger Jahren zusammen mit Gustl Schellhardt geschrieben hatte. Jetzt hatte sie ein neues Ufer erreicht. Jetzt begann ihre eigentliche, ihre große schöpferische Zeit. Sie wurde ganz sie selbst, wuchs über sich hinaus und ließ das Trallala ihrer Filmkarriere hinter sich.

Im Gegensatz zu den Dutzenden von Filmen waren ihre Stücke und die großen Rollen, die sie für sich schrieb, voller Gehalt und Spannung. Ein jedes ist einer genaueren Betrachtung wert. Viele Zuschauer, die sich nicht ausschließlich an den Klamauk hielten, verfolgten die Entwicklung. Später, sehr viel später – eigentlich zu spät – registrierten auch die großen Künstlerkollegen, Kritiker und Intellektuellen, daß das zeitgenössische Volkstheater hier eine überraschend neue Definition erfuhr. Als sie es merkten, hatte Trude Herr den größten Teil ihrer Arbeit schon getan.

Sicherlich waren die Stücke von unterschiedlicher Qualität, und nicht alle waren ausgereift. Das Entscheidende war jedoch, daß sie nicht mehr den simpelsten Publikumsgeschmack befriedigen wollten, wie der Unterhaltungsfilm es getan hatte, sondern daß Thema, Aufbau und Dramaturgie eine Aussage hatten. Trude Herr begann, in ihren Stücken ihren bis dahin zurückgelegten Lebensweg aufzuarbeiten. Das konnte an sich niemanden überraschen, da sie in Interviews und Talkshows nie Hemmungen hatte, sich bis tief ins Privatleben hineinblicken zu lassen. Nur hatte niemand sie für fähig gehalten, daß sie ihre Erfahrungen künstlerisch gestalten könnte. Jetzt tat sie, was sie bisher nicht geschafft hatte: Sie machte sich als komplexe Persönlichkeit verständlich. Dadurch erst – und nur dadurch – gewinnt der in diesem Buch gemachte klare Blick auf ihren unbürgerlichen Lebensweg und ihre menschlichen Unzulänglichkeiten seine Berechtigung.

Trude Herr hatte ein künstlerisches Medium gefunden, in das sie sich selbst einbringen konnte. Natürlich floß damit auch ihre ganze gesellschafts- und zivilisationskritische Grundhaltung in ihre Arbeit ein. Ihre Engagiertheit, ihre Aufmüpfigkeit bestand aber nicht aus Propaganda für irgendwelche linken Ideologien. Trude Herr stieg aus ihrer persönlichen Situation auf zum Sozialtypischen und weiter bis zu großen Metaphern für ihre Rolle in der Zivilisation. Ihre eigentliche Lebensleistung besteht darin, Menschen zu zeigen, die nicht durch den Windkanal bürgerlicher Formung gegangen sind und die sich doch in Lebenssituationen zurechtfinden müssen, die diese Anpassung eigentlich voraussetzen. Damit hat sie eine absolut typische Grundsituation ihrer Zeit erfaßt und dargestellt, und damit gehört sie zum Kreis der großen Komiker dieses Jahrhunderts.

Volkstheater in Köln

Daß Trude Herr in Köln begann, Volkstheaterstücke zu schreiben und zu spielen, mag man als selbstverständlich hinnehmen. Was lag näher? Aber die Tatsache verdient doch eine besondere Würdigung. Ihre Gefühlsbindungen zu dieser Stadt waren nie so stark gewesen, daß sie von überallher »zo Foß noh Kölle« zurückgegangen wäre. Sie liebte Afrika und die Wüste mehr als den Dom, und sie hätte auch in anderen Städten ein eigenes Theater aufgemacht, wenn es sich so ergeben hätte.
Zum Volkstheater gehört ein Publikum, das bereit ist, mitzugehen, das sich des Lachens nicht schämt und das sich für die Drastik des Lebens nicht zu fein ist. In dieser Hinsicht brachte das

In »Die Pflaumenschwemme« mit Gigi Herr und Harry J. Bong, 1975.

Kölner Publikum einiges mit ins Theater. Der Grund liegt darin, daß der Charakter der Stadt traditionell mehr plebejisch als feudal geprägt worden ist, ebenso daß sie mit ihrem Karneval immer noch eine vitale Volkskultur hatte und noch über eine intakte eigene Sprache verfügte. Das waren Voraussetzungen, die Trude woanders kaum noch einmal so ideal hätte finden können und die sie sich, wenn sie sie gefunden hätte, kaum hätte erarbeiten können. Das war ihre Chance!

Sie begann mit einem aus dem Französischen übersetzten Stück, dem sie kölsche Töne beimischte. Ihre eigenen Stücke spielten dann eindeutig in Köln, wobei allerdings nicht der Dom, das Kölsch-Bier und das Kölnisch Wasser die Eindeutigkeit herstellten, sondern die Mundart. Das war durchaus ein erstaunlicher Schritt, hatte sie doch 15 Jahre zuvor bewußt die Grenze zum Hochdeutschen übersprungen, um ins Große wachsen zu können.

Für Trude Herr waren Brauchtum und Mundart an sich nicht derart interessant, daß sie sie als Kulturgut gepflegt hätte. Sie stellte die Frage umgekehrt: Geben Stadt, Brauchtum und Traditionen noch etwas her? Können sie den Menschen noch etwas vermitteln? Das – so fand sie – konnte Köln eben doch! Diese Einsicht hat sie in einem ihrer schönsten Lieder künstlerisch gestaltet:

Die Stadt

Grau es die Stadt,
Un grau es der Strom.
Bloot is ruut,
Un alt es der Dom.
Minsche krümmen sich elend vor Nuut,
Prunk und Stötz,
Em Dreck litt Bruut.
...
En dieser Stadt jitt et Joode un Schläächte,
Schwache un Stärke, met jet en der Mau,
Ärme un Riche un Linke un Rächte,
Einer es brav, der andre es schlau.

Die Stadt es alt,
Doch innerlich jung,
Schwer verjeff
Un doch hätt se Schwung.
...
Klüngel es e krank Sediment,
Wer drüvver laach, die Stadt nit kennt.

Mir fieren vaterstädtische Feste,
Karneval fieren sogar schon uns Pänz.
Mir sin im Fiere noch immer de Beste,
Dat met der Heiterkeit nemme mehr äänz.
...
Puffs sin Schorf,
Jeschwüre der Zigg.
Rotz un Wasser kriesche nur mir.

242

Der Kreeg es noh
Die Hoffnung wigg.

(Grau ist die Stadt,
Und grau ist der Strom.
Blut ist rot,
Und alt ist der Dom.
Menschen krümmen sich elend vor Not.
Prunk und Blödsinn,
Im Dreck liegt Brot.
…
In dieser Stadt gibt es Gute und Schlechte,
Schwache und Starke, mit Muskeln im Arm,
Arme und Reiche und Linke und Rechte,
Einer ist brav, der andere ist schlau.

Die Stadt ist alt,
Doch innerlich jung,
Schwer vergiftet,
Und doch hat sie Schwung.
…
Klüngel ist ein krankes Sediment,
Wer darüber lacht, die Stadt nicht kennt.

Wir feiern vaterstädtische Feste,
Karneval feiern sogar schon unsere Kinder.
Wir sind im Feiern noch immer die Besten,
Das mit der Heiterkeit nehmen wir ernst.
…
Puffs sind Schorf,
Geschwüre der Zeit.

Rotz und Wasser weinen nur wir.
Der Krieg ist nah,
Und die Hoffnung weit.

Trude Herrs Stücke

Aktuelle und immer vorhandene Wirklichkeit als künstlerisches Material – das war's! Volkstheater mußte aus dem Erlebnisbereich der Menschen stammen. Sein typischer Zuschauer möchte spüren, daß von ihm in seiner Alltäglichkeit die Rede ist. Er sucht keine höhere Belehrung, sondern will sich direkt angesprochen fühlen. Und er gibt den Anspruch nicht auf, daß man wesentliche Teile des Lebens auch lachend bewältigen kann. »Ne einfache Mann an et Laache krijje – dat es Kunss!« So stichelte Trude Herr – trotz aller Bewunderung – gern gegen hochsubventionierte Kollegen, die sich gerade dann für die Größten hielten, wenn sie vom Publikum nicht mehr verstanden wurden.

Gutes Volkstheater zeichnet sich indessen dadurch aus, daß es sich nicht ausschließlich auf das Lachen beschränkt, sondern daß das Lachen etwas mit der erlebbaren Wirklichkeit zu tun hat. Hier empfand Trude Herr den stärksten Gegensatz zum herkömmlichen Volkstheater, und hier

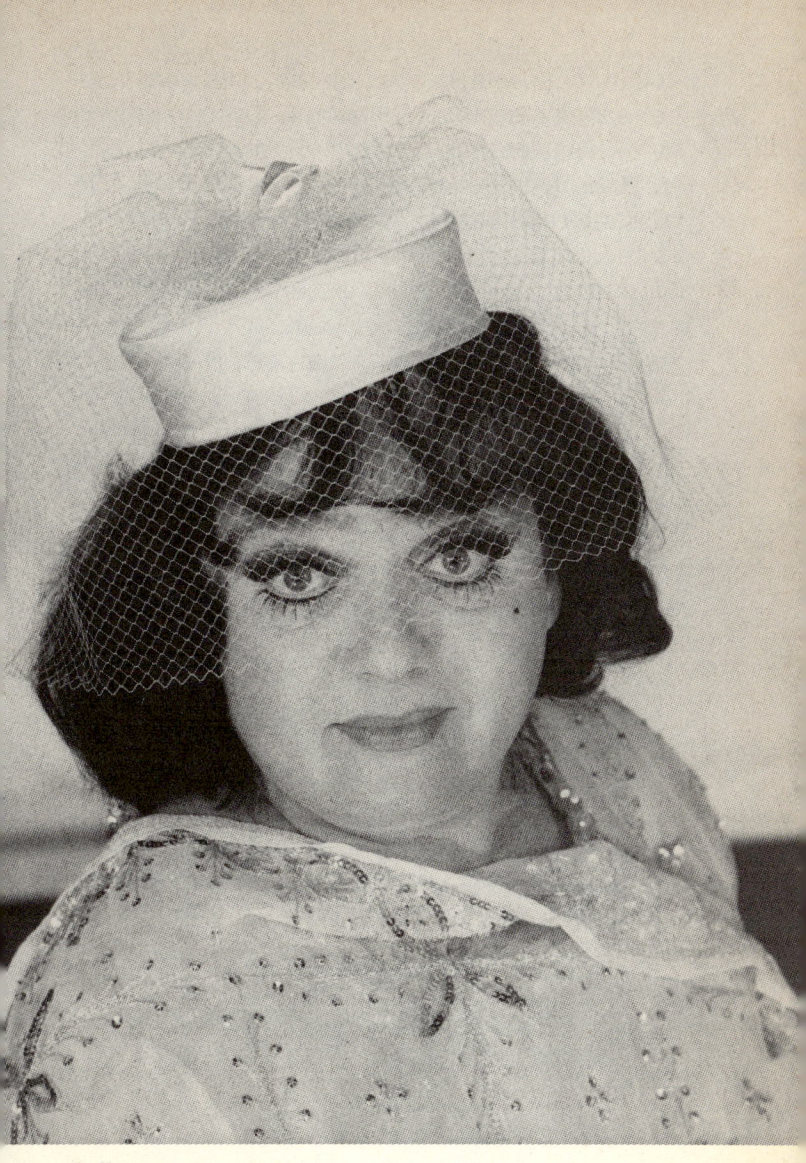

Rollenporträt, 1979.

lag der Schnittpunkt, an dem sie einen neuen, eigenen Weg einschlug. Sie ist mit ihrer ständigen Nörgelei vielen auf die Nerven gegangen, aber ihre Unzufriedenheit war das Instrument, die Wünschelrute, mit der sie ihren Weg suchte.

Trude Herr hat ihre Ideen zur Reform des Volkstheaters nie in systematischen oder theoretischen Schriften dargelegt, sondern nur in Gesprächen und Interviews erläutert. Diese Ideen wurden ihr auch nicht von außen zugetragen, sondern entsprangen ihren eigenen Beobachtungen und Erfahrungen. Anfangs war ihr natürlich nicht alles bewußt, was später im Zusammenhang erst einen Sinn ergab. Entwickelt und verwirklicht hat sie ihre Ideen in den Stücken, die sie seit 1971 bis zu ihrem Lebensende in schneller Folge schrieb.

1972	Familie Pütz
1973	Scheidung auf kölsch
1975	Die Pflaumenschwemme
1977	Die kölsche Geisha
1978	Der große Hit
1979	Der Hausmann
1979	Massage-Salon Denz
1980	Drei Glas Kölsch, darin:
	Auftakt zur Session
	Et versoffe Lenche
1981	Frankensteins Schwiegermutter
1983	Fröhliches Beileid
1983	Schöne Bescherung (TV)

In »Die kölsche Geisha« mit Maria Graf (links) und Tina Graef.

1984   Die Millionärin
1985   Die Hellseherin
1986   Der zweite Frühling

Zählt man alle zusammen, so sind die Angaben Trude Herrs, sie hätte fünfzehn aufgeführte Stücke geschrieben, zutreffend. Darüber hinaus hat sie aber noch – vor allem auf den Fidschiinseln – weitere Stücke, Entwürfe, Erzählungen und Drehbücher geschrieben, die nicht aufgeführt oder veröffentlicht wurden. Sie befinden sich in ihrem Nachlaß und sind noch unbekannt.

In »Die Familie Pütz« mit Hans Künster, Erich Uhland und Paola Schoene.

Typische Motive

Das erste Stück hieß »Die Familie Pütz«. Es hatte am 21. September 1972 auf der Millowitsch-Heimatbühne Uraufführung. Im Presse-Vorlauf und in allen Besprechungen wurde groß herausgestellt, daß es sich um ein »Polit-Volksstück« handele. Angesiedelt war das Spiel nicht in großbürgerlichen oder feudalen Kreisen, sondern bei der Durchschnittsfamilie »Pütz«. In ihrem Schoße spinnt die unverheiratete Tochter Maria ihre Fäden. Sie will in der Politik Macht und Einfluß gewinnen, aber selber im Hintergrund bleiben. Deshalb setzt sie ihren an sich unwilligen Bruder unter Druck, für einen Sitz im Landtag zu kandidieren. (Für die Szene, in der sie dem Bruder das Redenhalten beibringt, hatte Trude Herr an ihren Erfahrungen als Büttenrednerin Maß genommen; dem Publikum kamen die Tränen vor Lachen.) Der Bruder gewinnt zwar schließlich zum allgemeinen Erstaunen die Wahl, aber er stolpert über die Beziehung zu einem Dienstmädchen, und der Traum ist aus.

Egal, wer die Idee gehabt hat – sie paßt zu Trude Herr: Menschen wollen aus Machtstreben, Eitelkeit und Geltungsdrang hoch hinaus und stürzen ab. Das bleibt ein Zentralmotiv ihrer Stücke bis zuletzt. So zum Beispiel in »Massage-Salon Denz«, in dem die biedere Masseuse Dora Denz in ihrem Streben nach dem großen Liebesglück einem Heiratsschwindler aufsitzt. Oder in »Et versoffe Lenche«, in dem sich eine Stadtstreicherin für ein Gläschen Schnaps zu Tode tanzt. Oder in »Die Millionärin«, wo es der Landfahrerin Sophie Schmitz gelingt, sich als reiche Erbtante in ein gutes Haus einzuschleichen. Sie geht aber schließlich doch lieber auf die Straße zurück.

Daneben klangen noch andere Motive an, die wichtig blieben, vor allem der »Seitensprung«. Er wird nicht mehr – wie im älteren Volkstheater – als Abweichung von der Norm verstanden, sondern als das an sich Natürliche, über das eine Gesellschaft aber ein Netz von Fangstricken legt: Moral als Machtinstrument. In »Frankensteins Schwiegermutter« fand Trude dafür ein frappierend komisches Bild: Eine »Dame ohne Unterleib« wird aus ihrer Jahrmarktskarriere gerissen, weil sie ein Kind bekommt.

Die Motive waren im ersten Anlauf der »Familie Pütz« noch stark in die erlebbare Wirklichkeit des Zuschauers gestellt. Fast ohne Distanz war erkenntlich, daß die Autorin die bayerische CSU und bestimmte, dem konservativen Lager zuzurechnende Persönlichkeiten ins Visier genommen hatte. Es ist dem Literaten Wolfram Gerbracht zu verdanken, daß er den Autoren noch vor der Uraufführung die Einsicht vermittelte, daß auch im Volkstheater Wirkungen erst dann voll zur Entfaltung kommen, wenn ein Stück nicht als Vehikel für persönliche Ansichten dient.

Die »Dame ohne Unterleib« mit Kind, Programmheft-Foto zu »Frankensteins Schwiegermutter«, 1981.

Wenn alle wissen, wer und was gemeint ist, ohne daß das Gemeinte direkt genannt wird, dann ist die Wirkung am größten. Diesen Grundsatz hat Trude für ihre spätere Arbeit beherzigt. Ohne diese Einsicht wären die meisten ihrer Stücke privat geblieben. So aber fand sie zu einer Distanz, durch die Charaktere und Situationen repräsentativ für allgemeine menschliche Befindlichkeiten wurden. Trude Herr hat nach diesem ersten korrigierten Anlauf auch nie wieder die Politik direkt thematisiert. Allerdings hat es immer wieder kräftige Seitenhiebe auf alle gegeben, die aus Gründen des persönlichen Vorteils am Erhalt bestimmter gesellschaftlicher Verhältnisse interessiert waren. Diese Seitenhiebe offenbarten immer noch Stoßrichtung aus der Lebenssituation armer, verfolgter oder unprivilegierter Menschen.

Dennoch hat Trude Herr nicht die Probleme von Randgruppen aufgegriffen. Darüber hat es oft Mißverständnisse von denen gegeben, die nicht genau hinschauten. Grundsätzlich hat sie immer nur darauf geachtet, daß Randgruppen in ihren Stücken nicht negativ erschienen. Vor allem nicht die Homosexuellen, denen sie sich immer sehr verbunden fühlte. Sie kommen zwar in vielen Stücken vor und sind auch als solche erkenntlich, aber sie werden als selbstverständlich genommen, nicht als Problemfälle. Selbst das »versoffe Lenche« ist nicht als Randfigur gesehen, sondern als eine Gestalt, die in ein soziales Beziehungsnetz hineinkommen möchte, das nur aus Wirtschaftsinteressen besteht. Nur gelegentlich wurde Trude Herr programmatisch, so wenn Billa Mömerzheim in der »Pflaumenschwemme« den jugoslawischen Knecht Mirko heiratet.

Traditionen des »Kaiserhofs«

Beim Publikum fanden die künstlerischen Problemlösungen und weltanschaulichen Akzente allerdings weniger Beachtung. Das war ja auch nicht beabsichtigt. Man genoß das Stück und das Spiel Trude Herrs. Dabei schuf sie nichts fundamental Neues, sondern griff auf vielfach Bewährtes zurück. Besonders Elemente der alten »Kaiserhof«-Zeit kamen jetzt wieder zum Tragen – so zum Beispiel die zahlreichen Verkleidungen, die angesichts ihrer Körperfülle bis zum Abstrusen gingen (Mini- und Tennis-Röckchen, Korsagen, Negligés); später wurden daraus regelrechte Verkleidungsorgien, die oft sogar vor dem Publikum selbst abliefen.

Typisch waren auch komische Tanzeinlagen und Gesangsdarbietungen. Ein unvergeßlicher Höhepunkt war das Lied »Föhl enz« (Fühl mal!) in »Der große Hit«, das sie später auch auf ihrer LP veröffentlichte. Das Lied sang Trude Herr als

Klamauk muß sein.

Putzfrau eines Tonstudios, die sich nur eben mal den Jux macht, auf eine bekannte Melodie (Feelings) einen eigenen Text auszudenken.

Zur Stilistik gehörten auch akrobatische Gags. Der bekannteste war der in der »Millionärin«, wo Trude über die Bühne schwebte – freilich an einem Seil. Der Eindruck war ungeheuer und komisch. Nach der ersten Schrecksekunde war das Publikum schier aus dem Häuschen. Bei der Pressevorstellung erklärte Trude selbstironisch, aber ohne die Miene zu verziehen: »Bei der Aufführung benutzen wir die Seilwinde meines Geländewagens. Und jeder Dübel in der Decke hält drei Tonnen – wir haben vier davon drin.« Die erste Idee zu diesem Gag stammte aus der Zeit der »Perle Anna«, als der Boxer Peter Müller an den Proben teilnahm. Trude dachte an ein Stück, in dem Müller den Tarzan und sie die Jane spielen sollten. Zusammen hätten sie sich an einer »Liane« durch den Zuschauerraum schwingen sollen. Der Gag war aber technisch nicht zu bewältigen. Das Stück ist auch nie geschrieben worden.

Diese Vielfalt der Eindrücke bei dennoch beziehungsreicher Handlung war etwas, was das Publikum lange vermißt hatte und was Trude Herr im deutschen Sprachraum keiner so leicht nachmachte. Daß die gezielten Schüsse auf das Zwerchfell der Zuschauer die Aussagen der Stücke oft bis zur Unkenntlichkeit überlagerten, war durchaus gewollt.

Schon »Die Familie Pütz« wurde auf Anhieb ein großer Erfolg. Die Produktion erlebte über zweihundert Aufführungen, lief monatelang in Köln vor vollen Sälen und ging dann auch noch wochenlang nach Düsseldorf in den »Malkasten«. Trude gewann äußerlich und innerlich die Sicherheit, auf dem eingeschlagenen Weg weitergehen zu können, und sie ging ihn schnell. Trotz einer schweren Nierenoperation kam bereits im Herbst 1973 – wieder auf der Millowitsch-Bühne und wieder als Hofner-Produktion – ihr nächstes Stück heraus. Diesmal hatte sie es ganz allein geschrieben. Es hieß »Scheidung auf kölsch«.

Es wurde das erfolgreichste Stück, das Trude Herr je gemacht hat. Es füllte nicht nur zwei Spielzeiten lang das Millowitsch-Theater, sondern es rettete sie auch 1981 vor einem Desaster, als die »Drei Glas Kölsch« sich als Pleite erwiesen. Bei dieser Gelegenheit wurde die »Scheidung« auch vom WDR aufgezeichnet und sowohl im dritten Programm des WDR als auch in der ARD wiederholt ausgestrahlt – zuletzt nach Trude Herrs Tod Ende März 1991. Es dürfte das Stück von und mit Trude Herr sein, daß die meisten Menschen gesehen haben.

Es ist zweieinhalb Stunden lang und doch kurzweilig. Hierfür hatte Trude alle Erfahrungen ein-

In »Scheidung auf kölsch« mit Kurth Großkurth, 1973.

gebracht, die sie sich im Laufe der Jahre unter dem Stichwort »Situationskomik« angeeignet hatte. Das Publikum lachte Tränen, wenn Trude sich als »Katharina Engel« zum Frühstück auf einen Stuhl setzte, auf dem der Fensterputzer sein Arbeitsgerät abgelegt hatte, und ihren Mann mit hohem Pathos fragte: »Hubert, wie kommt dieser Schieber in meine Gesäßspalte?« Oder wenn beim Kaffeetrinken alle das Gesicht verzogen, weil man beim Nachfüllen der Zuckerdose in der Küche den Zucker mit Salz verwechselt hatte. So jagen sich die Gags das ganze Stück hindurch. Die Zuschauer kommen nicht zur Ruhe. Es gibt keine Längen oder Spannungsabfälle.

Getragen wurde das Ganze von einer Handlung im herkömmlichen Schwankstil: Katharina Engel ist Inhaberin eines Miederwarengeschäfts, ihr Mann Hubert ist Beamter. Über einen Fensterputzer glaubt Katharina herauszufinden, daß ihr Mann sie während der Bürostunden mit einer Kollegin betrügt. Sie setzt einen Detektiv auf den Fall an, der ihr im Komplott mit ihrer Kosmetikerin falsche Beweisstücke verschafft, und als Katharina die in Händen hält, beschließt sie, sich scheiden zu lassen. Der Lauf der Dinge wird aber unterbrochen, als sie glaubt, schwanger zu sein. Darüber finden die Ehepartner in der Hoffnung auf ein gemeinsames Kind wieder zueinander.

Man braucht nicht darüber zu streiten, ob der Schwank viel oder wenig mit Realitäten zu tun hat. Wichtiger ist, daß Katharina Engel mit ihrem

»Jetz bin ich ävver en fein Dame, leck mich am Arsch«,
»Scheidung auf kölsch«, 1981.

Selbstverständnis nicht fertig wird. Sie hält sich für schön, obwohl ihre Figur völlig aus dem Leim gegangen ist. Sie ist schon in den Jahren, meint aber, der junge Fensterputzer (und alle anderen Männer) wären nur hinter ihr her. Sie glaubt, sie wäre eine Dame von Gesellschaft, obwohl sie ihre Herkunft nicht abstreifen kann. So etwas Komplexes konnte Trude Herr in nur einer Formulierung unterbringen, wenn sie sich – ganz bieder gekleidet – vor dem Spiegel bewundert und feststellt: »Jetzt bin ich aber en fein Dame, leck mich am Arsch!«

Bezeichnend ist das Bestreben dieser und anderer Frauengestalten Trude Herrs, immer wieder bestimmte gesellschaftliche Rollen spielen zu wollen. In diesem Zusammenhang nehmen die Verkleidungsorgien einen bestimmten Stellenwert an: Zu jeder Verkleidung gehört auch eine gesellschaftliche Rolle. Wenn man im Reit- oder Tennisdreß geht, wird man anders eingeschätzt, als wenn man ein Jackenkleid oder einen Hut trägt. Die lachende Kritik besteht in der Einsicht, daß man die erträumten Rollen entweder nicht erreicht, oder daß sie ohne jede Bedeutung für die Lebensgestaltung sind.

Wohin es führt, wenn man nur Konventionen folgt, erlebt Katharina Engel, wenn sie ihre Ehegemeinschaft auflösen will. In tiefer Nacht schreibt sie auf einen Zettel, wie nach der Scheidung der gemeinsame Hausstand aufgeteilt werden soll. Da sind nicht nur die »Betenden Hände von Dürer«, zu denen sie den Künstler angeben will (»sagen wir mal Rembrandt«), sondern da gibt es auch Probleme, die zurückreichen bis weit in die Zeit vor der Ehe, als sie ihre Aussteuer bekommen hat. Hier wird urkomisch die Tatsache aufgedeckt, daß ihre wichtigste zwischenmenschliche Beziehung in erster Linie als Besitzverhältnis angelegt war.

Die Lösung besteht darin, daß alle gesellschaftlichen Verstrickungen gegenstandslos werden, wenn die Natur wieder zum Zuge kommt: Katharina erwartet ein Kind. Nun finden die Ehepartner erneut zueinander. Die Basis ist nicht gesellschaftlich, sondern natürlich begründet. Im alten Volkstheater wäre die Botschaft an derselben Stelle gewesen: Sei zufrieden mit dem, was du hast. Die Welt ist schon so in Ordnung, wie sie ist. An diese Stelle hat Trude Herr etwas ganz anderes gesetzt: den Wert der Kreatur gegen die Forderungen der Zivilisation.

Das »Theater im Vringsveedel«

1976 kam es in Trude Herrs Leben zu erneuten Umbrüchen, an deren Ende sie eine neue Schaffensphase erreichte. Die Entwicklung selbst lief nach einer sowohl bemerkenswerten wie trudetypischen Dramaturgie ab: Am Anfang stand eine Wüstenfahrt, am Ende ihr eigenes »Theater im Vringsveedel«.

Als die »Pflaumenschwemme« erfolgreich abgespielt war, brach Trude wieder in die Wüste auf. Zuerst machte sie Station in Libyen auf einem Camp der Firma Holzmann, die damals mitten in die Wüste eine Fabrik baute. Das Camp war die Pionierstadt, in der die meist deutschen Arbeiter, Facharbeiter und Ingenieure unter vergleichsweise heimatlichen Bedingungen leben konnten. Es war eine deutsche Enklave in der arabisch-islamischen Welt, die immer schon von einem starken religiösen Rigorismus gekennzeichnet war.

Trude Herr hat das Leben dort in ihrer Erzählung »Das Camp und die Wüste« beschrieben, die 1987 in dem Taschenbuch »... und plötzlich kippt es um« veröffentlicht wurde. Man muß Sinn für Unappetitliches haben, wenn man diese Erzählung durchhalten will, aber Trude Herr hat darin offengelegt, was sie in diesem Camp an kritischen Einsichten in das Wesen unserer Zivilisation gewonnen hat. Danach liegt das Camp auf ih-

rer inneren Wegstrecke, die von der »Barberina«
über den »Eigelstein« durch die Brinkgasse in die
Wüste führt. Wie an allen diesen Stationen ist
auch hier eine extreme Mischung von Individua-
litäten – vorzugsweise Männer – zu Hause: Menschen, die in quasi preußischer Disziplin einen
Auftrag ausführen, neben Abenteurern, die unfä-
hig sind, in bürgerlichen Beziehungsnetzen zu leben; Vagabunden mit zweifelhafter Vergangenheit neben Glücksrittern, die gut verdienen wollten, und Wüstensüchtlinge.

Vom Camp aus unternahm Trude mit einem Begleiter eine Fahrt in die Wüste. Hier hatten sie
eine schwere Autopanne, die sie aus eigener
Kraft nicht mehr beheben konnten. Der Begleiter
machte sich auf, die letzten fünfzig Kilometer bis
zum Camp zu Fuß zurückzulegen, während
Trude beim Wagen zurückblieb und nur auf ein
günstiges Schicksal hoffen konnte. Nachts versuchte sie mit Leuchtkugeln und tags mit dem
Verbrennen von Reifen vorüberziehende Nomaden oder andere Reisende auf sich aufmerksam
zu machen. Das ging zwei Tage und zwei Nächte
so, und von Stunde zu Stunde mußte sie sich
mehr mit ihrem Ende auseinandersetzen.

Doch ihr Begleiter erreichte das Camp. Von dort
aus machte sich sofort ein Mann auf den Weg,
dem es gelang, Trude zu finden und zu retten.
Wie so oft in Trudes Leben war auch dieses
Drama mit fast jedem Detail daheim in den Zeitungen zu lesen. Was noch Monate später nach

außen drang, war eine Liebesgeschichte, die sich an diese Rettung anschloß. Niemand erfuhr hingegen, daß eine jahrelange Leidenschaft Trude fast zur Selbstzerstörung führte. Der Mann war Schlosser.

Karl Seemann

Doch das war nicht die einzige bedeutungsvolle Bekanntschaft, die Trude Herr damals machte. Bald setzte sie die Reise allein in Richtung Algerien fort. In einem komfortablen Hotel in der Oase Tuggurt wurde sie abends von einem Herrn aus Deutschland auf Französisch angesprochen. Sie war ihm irgendwie bekannt vorgekommen, aber er konnte sie zunächst nicht einordnen, weil er weder aus Köln stammte, noch mit Unterhaltungsfilmen oder mit Volkstheater etwas zu tun hatte. Er hieß Karl Seemann, stammte aus Kiel, war Bauingenieur und im Auftrag der Kölner Firma KHD als Projektleiter für die Errichtung einer Zementfabrik nach Algerien geschickt worden. Er lebte mit seiner Familie ebenfalls in einem Camp.

Das Gespräch mit ihm gefiel Trude sehr, weil er sich für kulturelle Dinge interessierte und erstaunlich kompetent zeigte. Ihm, der sowohl von

Mit Karl Seemann auf Wüstenfahrt, 1976.

kölscher Heimattümelei wie von allen »Ulknudel«-Klischees völlig unberührt war, erklärte sie ganz ernst und sehr konzentriert ihre Vorstellungen vom Volkstheater und seiner Reform. Obwohl Seemann sich damit noch nicht auseinandergesetzt hatte, gewann er rasch den Eindruck, daß Trude Herr etwas Bedeutsames vorhatte. Man verabschiedete sich mit dem Austausch von Adressen und gegenseitigen Einladungen.

Schon zwei Wochen später erschien Trude in dem Camp, in dem Seemann mit seiner Familie wohnte. Gemeinsam machten sie eine Fahrt durch die Wüste zu den Tuaregs und legten dabei in vielen Gesprächen, aber noch nicht ganz bewußt, die Grundlage zu ihrer späteren Zusammenarbeit. Im Herbst trafen sie sich in Köln wieder, und da Seemann seinen Auftrag in der Wüste abgeschlossen hatte und nach neuen Aufgaben Umschau hielt, faßten sie nach kurzer Zeit den Entschluß, gemeinsam ein neues Volkstheater zu gründen. Die Schauspielerin Trude Herr wußte, daß sie ein Kassenmagnet war; der Kaufmann Seemann konnte rechnen und sagte: »Das geht!« Noch vor Jahresende gründeten sie die Seemann-GmbH, an der Seemann siebzig und Trude dreißig Prozent der Anteile zeichneten. Zusammen mußten sie etwa 200000 DM in die Waagschale werfen.

»Krachende Entscheidungen«

Nicht erst jetzt fing Trude Herr an, die notwendigen Schritte in die Wege zu leiten. Bereits nach ihrer Rückkehr aus Nordafrika – also noch ehe irgend etwas sicher war – traf sie die ersten »krachenden« Entscheidungen, die signalisierten, daß sie wieder einmal neue Wege gehen wollte. Zuerst stieg sie aus der erfolgreichen Fernsehserie »Klamotten-Kugeln« aus. Mit den Blödel-

Sketchen wollte sie nun partout nicht mehr in Verbindung gebracht werden. – Kurz darauf entschloß sie sich, sich von ihrem Mann scheiden zu lassen. Und während sie in der »Pflaumenschwemme« wieder auf der Bühne stand, sann sie darüber nach, wie sie die Trennung vom Millowitsch-Theater herbeiführen könnte.

Sechs Jahre hatte sie in diesem Haus gespielt, und sechs Jahre hatte sie mit der alles erdrückenden Gegenwart des berühmten Hausherrn leben müssen: Das Theater trug seinen Namen, im Eingang und im Foyer prangten seine und seiner Ahnen Bilder, in Glasvitrinen lagen seine Schallplatten und Bücher, und vor den Vorstellungen schwebte von der Decke eine Projektionsleinwand, auf der Millowitsch für alles zusammen noch einmal in Bild und Ton warb. Ganz gleichgültig, ob diese Eindrücke einer detaillierten Überprüfung standhielten, – Trude sah es so. Plötzlich fühlte sie sich eingeengt und in den Schatten gestellt. Nicht Millowitsch, sondern sie selbst füllte bei ihren Vorstellungen doch das Theater – mit ihren Stücken, ihrer Kunst und ihrer Berühmtheit! Wenn Millowitsch für sich Reklame machte, dann hängte er sich an ihre Leistung an, und das hätte er eigentlich bezahlen müssen wie alle, die mit ihr Werbung betreiben wollten. Daß er es bislang nicht getan hatte, empfand sie nun als Skandal.

Dergleichen Grübeleien stauten sich bis zum Ende des Winters in ihr auf, und als die »Pflaumenschwemme« endgültig abgespielt war, griff sie Millowitsch an und entfachte einen Presserummel. Die Beziehungen erlitten natürlich einen schweren Schaden, aber Trude Herr hatte sich mit vermeintlich gutem Grund einen Weg zu neuen Zielen geebnet. Zuerst andeutungsweise, dann ganz offen kündigte sie an, bald ein eigenes Theater zu eröffnen. Das gelang ihr auch. Damit war die räumliche Trennung von Millowitsch vollzogen, und auch ihrem Produzenten Otto Hofner sagte sie ade.

Das »Theater im Vringsveedel«

Da es Bücher füllen würde, zu beschreiben, unter welchen Schwierigkeiten Kölns neues Volkstheater entstand, beschränken wir uns hier nur auf die Feststellung, daß den beiden Jungunternehmern Herr und Seemann nichts in den Schoß fiel.

Nach langem Suchen fanden sie ein altes Kino an der Severinstraße. Sie ist die Hauptschlagader des Viertels um die wunderschöne romanische Kirche des heiligen Severin, nach dem es in der Mundart »Vringsveedel« genannt wird. Es ist bis heute Inbegriff eines volkstümlichen, lebensbunten, malerischen und typisch kölschen Quartiers.

Endlich ein eigenes Theater! 1977.

Daran haben die vielen Ausländer, die in den letzten beiden Generationen zugezogen sind, nicht nur nichts geändert, sondern sie haben seine Strahlkraft sogar noch erhöht. Hier paaren sich kölsche Urtümlichkeit mit sozialer Vielfalt, und die volkstümliche Liberalität ergreift jeden, der hierhin kommt. Trude Herr hätte sich keinen besseren Standort wünschen können. Es war ein Glücksfall, daß die Dinge so ineinandergriffen.

Vertragsverhandlungen, Umbaugenehmigungen, Bühnenbau, Innenraumgestaltung, technische Anlagen – alles mußte vom Nullpunkt an entwickelt werden. Tag und Nacht wurde gestemmt und genagelt, gebaut und geschreinert. Nach nur zweieinhalb Monaten war das Theater fertig – eine Meisterleistung selbst in den Augen von Profis.

Zwischendurch fuhr Trude Herr noch einmal in die Wüste, wo sie in nur zwei Wochen ihr neues Stück »Die kölsche Geisha« schrieb. Da Hofner nun nicht mehr der Produzent war, mußte sie selbst ein Ensemble aus dem Boden stampfen. Aus den Jahren ihrer Bühnen- und Filmkarriere konnte Trude auf viele Kollegen zurückgreifen. Vorab Peter René Körner, dann Tina Graf, Maria Graef und Harry J. Bong, die bereits bei den früheren Hofner-Produktionen an ihrer Seite gestanden hatten. Auch der Regisseur Joachim Mock war dabei, der bereits mehrere ihrer Stücke inszeniert hatte. Der Besetzungszettel verzeichnete auch Trudes Nichte Gigi Herr, die sich seit der »Pflaumenschwemme« neben ihr zur Freude des Publikums als »Trude Herr im Kommen« entwickelte. (Dazu hat Trude es dann aber nicht kommen lassen.)

Die Eröffnung

Der Eröffnungs- und Premierenabend wurde ein absoluter Triumph für Trude Herr. Im Laufe der Jahre waren nicht nur die einfachen Zuschauer, für die sie mit Leidenschaft spielte, sondern auch viele Offizielle, Intellektuelle, Politiker und Prominente darauf aufmerksam geworden, daß Trude Herr etwas Außerordentliches bot, daß sie eine Attraktion war, daß sie das Leben der Menschen und der Stadt bereicherte und daß sie frischen Wind in die Volkskultur brachte.

Gekommen waren der Oberbürgermeister John van Nes Ziegler, der sogar eine Eröffnungsrede hielt. Der damals nagelneue Oberstadtdirektor Kurt Rossa hatte bei ihr seinen ersten öffentlichen Auftritt. Im Zuschauerraum saßen Dunja Rajter, Alfred Biolek und Rolf Stommelen, Reinhard Münchenhagen, Heinz Schartner und sehr viel Kölner Lokalprominenz sowie Politiker. Trude schaffte es von nun an, in der Severinstraße ein großes »Wir«-Gefühl zu erzeugen, das ihr die höchste Auszeichnung einbrachte, die der

»Uns' Trude!«

Kölner Volksmund zu vergeben hat: »uns Trude«. Trotz aller Belastungen war sie selten so entspannt, glücklich, schwungvoll und im Frieden mit sich selbst wie in dieser ersten Zeit. Sie hob ab wie ein Vogel, der erstmals das Gefühl hat, frei in der Luft schweben zu können. Es dauerte nicht lange, da hatte sie dieses Gefühl in ihrem Lied »Manchmol« künstlerisch verarbeitet. Es resümiert viele Stationen ihres Lebens:

Manchmol (gekürzt)

Wenn ich an ming Kindheit denk,
Vill wood mir do nit jeschenk,
Am Nomensdag ene Ball, dat wor et schon all,
Chreßdags Zaus met Fleisch und Ööcher Printe.
Om Herd en Kann met Muckefuck,
E Zemmer em Proletenlook,
Dat Finster jing noh'm Hoff,
Do soß als Kind ich off
Un luurten en de Luff noh'm blaue Himmel.
Un manchmol,
Do meinten ich glatt, ich künnt fleje
Wie Vülcher met dem Wind.
…
Doch miestens do liste met hängende Flügel en
der Soot,
Doch immer stehste op, wenn et och schwer is,
Kopp huh! – Gläuv an dich!
Do liers noch et Fleeje.
Du häs noch alles üvverläv met Narve,
met Woot un met Bloot un met Träne
Un met Dreck, der an dir kläv.

Un op eimol, do merkste
Du kannz wirklich fleeje
Wie Vülcher met dem Wind
Un manchmol
Dann flüchste allein üvver Wolke,
Denn dann bes du endlich frei!!!

Manchmal

Wenn ich an meine Kindheit denk',
Viel wurde mir da nicht geschenkt,
Zum Namenstag ein Ball, das war dann schon
alles,
Weihnachten Soße mit Fleisch und Aachner Prin-
ten.
Auf dem Herd eine Kanne mit Malzkaffee,
Ein Zimmer im Proletenlook,
Das Fenster ging zum Hof,
Da saß als Kind ich oft
Und schaute in die Luft, den blauen Himmel.
Und manchmal,
Da dachte ich doch glatt, ich könnte fliegen,
Wie Vögelchen mit dem Wind.
…
Doch meistens da liegt man mit hängenden Flü-
geln in der Gosse,
Doch immer stehst du auf, wenn es auch schwer-
fällt,
Kopf hoch! Glaub an dich!
Du lernst noch das Fliegen.
Du hast noch alles überlebt mit Narben,
Mit Wut und mit Blut und mit Tränen
Und mit Dreck, der an dir klebt.

Und auf einmal, da merkst du,
Du kannst wirklich fliegen
Wie Vögelchen mit dem Wind.
Und manchmal

Dann fliegst du allein über Wolken,
Denn dann bist du endlich frei!!!

Erste Adresse

Trude hatte Grund, auf Wolken zu schweben.
Nach vielen Irrungen und Wirrungen hatte sie
jetzt eines der größten Ziele ihres Lebens erreicht. Sie war frei und unabhängig, war ihre eigene Autorin, hatte ein passendes Theater, war
selbst dessen stärkste Zugnummer, war jetzt
auch ihre eigene Produzentin und brauchte nicht
mehr zu tun, was andere von ihr wollten. Trium-
phierend hatte sie sich über alle erhoben, die ihr
einst gesagt hatten: »Tut uns leid, Frau Herr, aber
das nimmt Ihnen keiner ab ...«
Sicherlich hatte sie keine Kulturfilme über die
Wüste gemacht, aber sie hatte durch die Erfahrungen in der Wüste eine eindeutige Einstellung
zum Wert ihrer Zivilisation gefunden, und diese
Einstellung konnte sie hier lachend unters Volk
bringen. Die Botschaft des ganzen Theaters lautete: Strebt nicht Dingen nach, von denen andere
euch einreden, daß sie wichtig wären, oder mit
denen ihr äußerliche Geltung unter den Menschen erringen wollt. Seid nur ihr selbst!
Der Triumph des Jahres 1977 blieb kein Einzel-

Langjährige Freunde: Trude Herr und Hans-Jürgen Wischnewski.

fall. Er wiederholte sich regelmäßig Jahr für Jahr bis zur letzten Produktion »Der zweite Frühling« im Jahr 1986 und zur Abschiedsfeier im März 1987. Die Severinstraße 81 wurde zu einer der ersten Adressen nicht nur Kölns, sondern auch der neuen, seit 1968 gewandelten Gesellschaft der Bundesrepublik. Zu den Premierenfeiern, die Trude unter der kundigen Beratung Manfred Schmidts geschickt gestaltete, kamen alte Freunde und neue Bewunderer aus allen Bereichen des Volkes und des öffentlichen Lebens. Oft mit dabei war der damalige Staatsminister Hans Jürgen Wischnewski; mit »Ben Wisch« verband Trude Herr über die gemeinsame Liebe zur arabischen Welt eine jahrelange herzliche Freundschaft. Gerhart Baum kam schon, als er noch Innenminister war, der Verleger Alfred Neven DuMont und Gustav Lübbe gehörten ebenso zum Gästekreis wie berühmte Kollegen vom Fach, allen voran Jürgen Flimm, der von 1979 bis '85 das Kölner Schauspielhaus leitete und Trude Herr bewunderte.

Es gab gesellschaftliche Ereignisse wie eine der vielbesuchten Geburtstagsfeiern von Manfred Schmidt. Bei solchen Gelegenheiten wirkte das »Theater im Vringsveedel« wie der gemeinschaftliche Pausenimbiß von Regierung, Parlament und einem Dutzend Film- und Fernsehstudios. Alle schätzten die unprätentiöse Atmosphäre, in der gesellschaftliche Hierarchie nicht viel galt. Allerdings war nicht zu übersehen, daß sich der Schwerpunkt nicht in der konservativen, sondern in der sozial-liberalen Ecke bildete.

Es dauerte nicht lange, da wurde die »neue« Trude Herr auch von den ernsthaften Kunstkritikern entdeckt, die die »Ulknudel« ehemals nicht beachtet hatten. Sie wurde nicht mehr nur in den Lokalteilen der Tageszeitungen erwähnt; es erschienen jetzt auch Porträts in Feuilletons und Magazinen großer Zeitungen. Dem Volkstheater freilich und Trude Herrs reformerischer Leistung konnten sie nicht viel abgewinnen. 1983 stellte Trude Herr klipp und klar fest: »Rein künstlerisch gesehen bin ich allein geblieben.«

Dennoch: Mit dem »Theater im Vringsveedel« hatte sie nicht nur einen ganz neuen künstlerischen Stil durchgesetzt, sondern sie hatte sich auch selbst ein neues gesellschaftliches Umfeld geschaffen, in dem sie sich zu Hause fühlen konnte. Ihr Heimatgefühl – sofern man diesen Begriff bei Trude Herr überhaupt in den Mund nehmen darf – verschob sich in dieser Zeit aus der Wüste wieder leicht nach Europa. Das mit gottergebenem Achselzucken und entschuldigendem Lächeln vorgetragene »Niemals geht man so ganz ...« klang an.

Der Truden-Tempel

Nicht nur wegen der immensen öffentlichen Zustimmung hatte Trude Herr Grund, auf Wolken zu schweben. Auch das Geschäft lief gut. Die erste Spielzeit war außerordentlich erfolgreich. Mit einer Platzauslastung von fast hundert Prozent ka-

Treue Mitspieler in vielen Stücken: (v. l.) Anita Riotte, Hans Künster, Herbert Meurer (2. v. r.) und Waltraud Theek, hier im »Massage-Salon Denz« mit Heinz Schickel (Mitte).

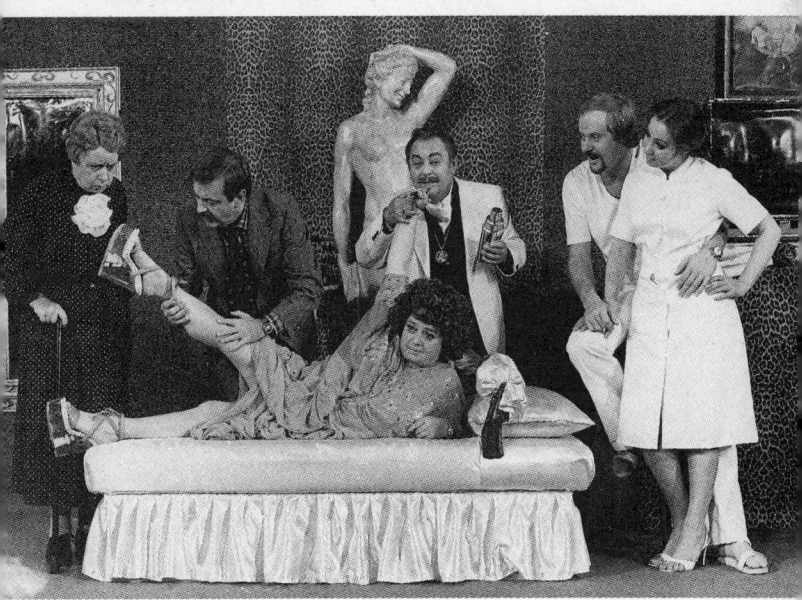

tapultierte sich das »Theater im Vringsveedel« aus dem Nichts in die Spitzengruppe der bestbesuchten Theater Westdeutschlands. Die Einnahmen waren so, daß die jungen Unternehmer am Ende der Spielzeit nicht nur gut leben konnten, sondern daß auch die gesamte Investition, die sie in das Theater eingebracht hatten, eingespielt war.

Dennoch: Die Triumphe wurden nicht in den Wolken, sondern in der harten Realität errungen. Es dauerte nicht lange, da holte Trudes altes Paradox sie ein: Sie hatte das Traumziel nur erreicht, indem sie gleichzeitig gegen ein grundlegendes Prinzip ihrer Lebensgestaltung verstoßen hatte. Besitz belastet! Diese Prämisse hatte sie immer vor Augen gehabt, und sie war den Folgen immer ausgewichen. Mit dem »Theater im Vringsveedel« war sie jedoch Bindungen eingegangen und hatte Belastungen auf sich genommen, die sie fesselten, in Anspruch nahmen, unbeweglich und seßhaft machten. Sie gab zu: »Ich bin immer ein Vagabund gewesen. Das feste Theater hier, das ist mir eigentlich schon zu etabliert.«

Deshalb richtete sie ihr Leben so ein, daß sie ein halbes Jahr in der Severinstraße wie ein Pferd arbeitete und anschließend mehrere Monate in die Wüste fuhr. Das brachte nun wiederum Karl Seemann in Schwierigkeiten. Denn er hatte sich nicht nur für eine Idee begeistern lassen, die reformiertes Volkstheater hieß, sondern er hatte als Kaufmann auch eine Firma gegründet, mit der er für seinen Kapitaleinsatz möglichst gute Gewinne erzielen wollte. Das wäre aber nur möglich gewesen, wenn das Haus öfter bespielt oder in der Abwesenheit Trudes anderweitig genutzt worden wäre. Hier ergab sich also dasselbe Problem, das Millowitsch bereits zehn Jahre zuvor hatte lösen müssen.

Hinzu kam noch, daß Karl Seemann nicht derselbe Vagabund war wie Trude, so daß er viele Monate im Jahr einfach unterbeschäftigt war und bei laufender Produktion nur verschiedene Funktionen zwischen Buchhaltung und Empfang wahrnehmen konnte. Er suchte größere Herausforderungen. Als er ein Konzept entwickelte, nach dem aus dem »Theater im Vringsveedel« mehr zu machen gewesen wäre, mußte er die Erfahrung machen, daß Trude Herr in »ihrem« Theater mehr sah als nur ein Bühnenhaus, das man gewinnbringend vermarkten konnte. Es war ein Tempel für sie. Durch jede andere Nutzung als durch einen Trude-Kult wäre es geschändet worden. Zu dieser Zeit lehnte sie sogar noch ab, die »Bläck Fööss« bei sich auftreten zu lassen. Damit war die Aussicht gleich Null, aus dem Theater mehr herauszuholen als das, was Trude einspielte.

Da die beiden Partner eine sehr sachliche Beziehung zueinander hatten, tauschten sie ihre Standpunkte aus. Seemann entschloß sich, neue Wege zu gehen, und Trude entschloß sich, Herrin im eigenen Hause zu werden. Sie zahlte Seemann

Mit Hans Fischer in »Die Millionärin«, 1984.

angemessen aus, und man trennte sich in gutem Einvernehmen. Trude Herr sprach öffentlich und offen darüber: »So ein Unternehmen kann eigentlich nur einen leitenden Kopf vertragen ... Karl Seemann wollte als Geschäftsmann natürlich mehr Produktionen im Theater haben, aber ich brauchte die Sommerpause. Und eine Revue oder ein Boulevardstück – das möchte ich nicht in meinem Theater.«

Bruno Krupki

Keiner kann alles. Das wußte auch Trude, und so brauchte sie Ersatz für Seemann. Den fand sie natürlich auch. Er hieß Bruno Krupki. Sie kannte ihn ungefähr genauso lang wie Seemann und hatte ihn ebenfalls in der Wüste kennengelernt. Im Schicksalsjahr 1976 war sie nämlich nicht nur einmal in der Wüste verschollen gewesen, sondern sogar zweimal. Beim zweiten Mal hatte Bruno Krupki sie aus der äußersten Not befreit. In ihm fand sie einen Freund und Kumpel, mit dem sie bis an ihr Ende in Verbindung blieb.
Bruno Krupki war gelernter Heizungsmonteur, und kam aus Bielefeld. Er war ein genauso großer Vagabund wie Trude selbst und teilte mit ihr die gleiche Leidenschaft für die Wüste. Er

hatte seinen Stützpunkt ebenfalls in einem Camp aufgeschlagen und blieb dort, bis er Trude kennenlernte. Sie verkürzte in ihren Erzählungen später die ganze Entwicklung zwischen beiden zu dem Satz: »Er kam direkt aus Algerien in die Severinstraße.«

Hier wuchs Bruno Krupki in kurzer Zeit in die »Hauptrolle hinter den Kulissen« hinein. Er wickelte nicht nur den geschäftlichen Teil ab, sondern er baute auch die Kulissen, renovierte das Theater, war technischer Leiter, Organisator und Krisenmanager, womit er wohl am meisten gefordert war. Er besaß – vielleicht mehr als alle, die mit Trude länger zusammengewesen sind – die Fähigkeit, mit ihrem jähen Temperament umzugehen. Trotz aller Schwierigkeiten und »Kräche«, durch die auch sie gegangen sind, hat die Verbindung länger gehalten als alle anderen in ihrem späteren Leben.

Zwei Jahre nach seinem Eintritt ins Theater wurde er Teilhaber der inzwischen umbenannten »Theater im Vringsveedel GmbH« und übernahm 1981 alle Anteile, weil Trude sich vollständig von den kaufmännischen Dingen entlasten wollte. Dann gründete er die Firma TVV-Produktion, in der im wesentlichen nur die Single »Ich ben dodurch« und der Fernseh-Film »Schöne Bescherung« herauskamen. Andere Projekte wurden zwar begonnen, kamen aber nicht zum Abschluß.

An allen diesen Aktivitäten zeigte sich indessen, daß das eingetreten war, was Karl Seemann befürchtet hatte. Zwei Partner konnten aus dem Theater nicht genug Einkommen beziehen. Das »Tempel«-Konzept war nicht aufrechtzuerhalten, zumal die Stadt Köln und auch keiner der vielen Politiker, die bei Trude Herr verkehrten, bereit waren oder durchsetzen konnten, das Theater zu subventionieren. Die Politiker und Verwaltungsbeamten sahen nur, daß das Unternehmen sich trug und daß es sich hätte noch besser tragen können, wenn es sachgemäß vermarktet worden wäre. Maß genommen hatten sie vielleicht im stillen an der Lösung, die Millowitsch seinerzeit gefunden hatte.

Wie auch immer: Für das »Theater im Vringsveedel« mußte ein anderes Konzept gefunden werden. Trude blieb zunächst noch beim »Tempel«-Modell. Der Kompromiß bestand darin, daß sie die Stücke schrieb, aber selbst nicht immer mitspielte. Das Ergebnis, das das einzige bleiben sollte, war das Stück »Der Hausmann«. Es war die Geschichte des verwitweten Briefträgers Karl Klemrath, der seine Selbstverwirklichung seinen egoistischen Kindern und den Erwartungen seiner bürgerlichen Umwelt opfert. Als es ihm zuviel wird, bricht er aus, findet zu einem neuen Le-

»Die Millionärin«, 1984.

bensglück und wird von Kindern und Umwelt akzeptiert. Die Titelrolle hatte Trude dem Schauspieler Peter René Körner auf den Leib geschrieben. Die Premiere war – ungewöhnlich genug – nicht im Herbst, sondern im Frühjahr des Jahres 1979.

Der Versuch wurde ein Flop – sicherlich nicht wegen Körner! Nachdem die kurze Laufzeit vorüber war, hatte die Theaterkasse ein Loch von 70 000 DM. Trude und Bruno mußten alles zusammenkratzen, was sie noch hatten; Bruno verpfändete – wie Trude ganz offen zugab – das Häuschen seiner Mutter, damit die nächste Produktion »Massage-Salon Denz« überhaupt herauskommen konnte. Hier gab es noch einen erhöhten Kostenaufwand, weil Bruno eine Drehbühne einbaute. Sie war ein Traum von Trude, und ihr standen die Tränen in den Augen, als die Bühne sich erstmals drehte.

Der Flop hatte verschiedene Gründe. Einer war, daß Trude Herr sich schwertat, für andere zu schreiben. Wenn sie schrieb, hatte sie immer sich selbst vor Augen. Wenn sie Regie führte, mußten die Schauspieler sie immer ermahnen, ihnen die Rollen nicht so vorzuspielen, daß schließlich und praktisch nur noch Trude Herr in verschiedenen Gestalten auf der Bühne stand. Für die Stücke bedeutete das, daß sie sich nicht überzeugend in die Problematik anderer hineinversetzen konnte. Ohne ihren eigenen Stil blieb der »Hausmann« flach, bieder, zu alltäglich. Es fehlte die groteske

Dimension, der Hang zum Absurden, die manchmal dämonische Gewalt, die aus Trudes Darstellungen hervorbrachen. Nach dem mißglückten Versuch stellte sie enttäuscht fest: »Ich hatte geglaubt, das Startheater wäre tot; aber das stimmt nicht!«

Danach hat sie dann doch eingewilligt, das Haus anders zu nutzen als nur für ihre Produktionen. Es kamen der Schweizer Kabarettist »Emil«, die Kult-Clowns »Pic und Pello« aus dem Circus Roncalli, und eine trudefreie Produktion des Boulevardstücks »Hier sind Sie richtig« von Marc Camoletti (»Perle Anna«), in dem Peer Augustinski, Peter René Körner, Klaus Dahlen und Helen Vita mitspielten.

»Drei Glas Kölsch«

Ein Flop, der das Theater nochmals in Schwierigkeiten brachte, war die Produktion »Drei Glas Kölsch«, die im Herbst 1980 herauskam. Es handelte sich um zwei Einakter und eine ausgedehnte musikalische Einleitung, in der Trude erstmals »Die Stadt« in einer Version sang, in der es noch hieß »Köln is en Stadt vun Format«. Die Einakter trugen die Titel »Auftakt zur Session« und »Et versoffe Lenche«. Damit erreichte Trude

»Die Millionärin«, 1984.

Herr nach dem Urteil ihrer Freunde und Bewunderer den Höhepunkt ihres künstlerischen Schaffens. Hier zeigte sie ihre voll entfaltete Begabung als Stückeschreiberin, als Sängerin, als Schauspielerin und als Regisseurin.

»Auftakt zur Session« war eine satirische Klamotte auf ein Karnevalspräsidentenehepaar. Das andere Stück, »Et versoffe Lenche«, zeigte – wie schon beschrieben – das Schicksal einer Stadtstreicherin und Alkoholikerin, die sich in einer Kneipe zu Tode tanzt, nur um einen Schnaps zu erhalten. Diejenigen, die das »Lenchen« gesehen hatten, verließen tief bewegt und voller Bewunderung das Theater. Es war das Beste, was Trude Herr je geschrieben hat, und mancher war bereit zu sagen, daß sie dem jungen Bert Brecht das Wasser hätte reichen können.

Es sprach sich aber auch herum, daß das Stück stark sozialkritisch war und daß Trude auf der Bühne starb. Das wollten die Leute nicht sehen – jedenfalls nicht die Mehrheit, die traditionell ins Volkstheater kam und deren vordergründige Lachlust Trude Herr immer so sehr respektiert hatte. Sie sah nicht oder wollte nicht sehen, daß ein derart mutiger Schritt mit beiden Beinen getan werden mußte: Sie hätte bewußt und vorsätzlich ein neues Publikum ansprechen müssen. Vor allem in der größeren Südstadt, in der das Vringsveedel liegt, war eine alternative Szene entstanden, die sich damals aber noch nicht mit Trude Herr und dem Volkstheater identifizierte und die Trude Herr in der Entstehungsphase eher suspekt war. Allzuoft hatte man versucht, sie für Interessen einzuspannen, die nicht die ihren waren. Hier blickte sie nicht durch, und deshalb blieb sie reserviert. Es war die Zeit, als die Besetzung der alten Schokoladenfabrik »Stollwerck« bundesweit Schlagzeilen machte. Damals war eine erhöhte Sensibilität für Neues durchaus vorhanden, aber Trude und die »Szene« nahmen einander nicht wahr.

Daran änderte eben auch das »Lenchen« nichts. Trude machte einen finanziell bedingten Rückzug und entschloß sich sofort, die »Scheidung auf kölsch« neu aufzulegen. »Das Stück ist erfolgserprobt«, sagte sie trocken. »Damit tun wir keinem weh!« Sie behielt recht. Der Saal war voll und blieb es. Das Geld floß wieder. Das Fernsehen kam, das dann auch in der spielfreien Zeit das Theater als Studio anmietete. Damit waren die wirtschaftlichen Fährnisse des »Theaters im Vringsveedel« weitgehend überstanden.

Experimente gab es nicht mehr, sondern nur noch Erfolgsstücke. Abgerückt ist Trude Herr davon bis zuletzt nicht. Sieht man einmal von der Frage ab, ob sich das Theater nicht insgesamt hätte besser vermarkten lassen, so ist gerade das »Lenchen« die mahnende Gestalt für die Kulturpolitiker, das Volkstheater und seine Weiterentwicklung nicht einfach den Gesetzen des freien Marktes zu überlassen.

Die Erniedrigung

Der Wandel, den Trude Anfang der achtziger
Jahre durchmachte, war nicht nur den Erfahrungen zuzuschreiben, die sie in der Volkskultur
machte. Sie scheiterte auch in einem anderen,
sehr persönlichen Bereich, weil sie die Unter-
schiede zwischen den Zivilisationen nicht richtig
einschätzte. Der Mann, der sie damals in der Wüste aus Todesnot befreit hatte, war für sie nämlich
nicht nur der rettende Engel geblieben, sondern
er war ihr auch spontan als die Verkörperung je-
ner unmittelbaren menschlichen Naturzustände
vorgekommen, die sie in Afrika immer wieder
sehnsüchtig und voller Bewunderung suchte.
Doch der Mann war Europäer. Es war der schon
mehrfach genannte Schlosser.
Er war weit davon entfernt, das emotionale und
intellektuelle Beziehungsnetz zu verstehen, das
die Komikerin Trude Herr ganz ernst und bedeu-
tungsschwer um sich herum gesponnen hatte.
Deshalb blieb sie ihm unterlegen, eine Bittstelle-
rin, die ihm überall hin nachreiste – in die Wüste
und bis nach Saudi-Arabien –, die ihn beschenkte, ihm alle Wünsche erfüllte, um den
Traum einer Beziehung ohne die Einengungen
der Zivilisation träumen zu können.
Sie litt dabei. Immer wieder rief sie mitten in der
Nacht ihre Freunde an und schüttete ihnen ihr

Herz aus. Aber alles gute Zureden half nichts: Sie hielt ihm die Treue. Im August 1981, als sie ihren großen Auftritt als Sängerin im Kölner Rheinpark hatte, sang sie vor rund zweitausend Menschen – noch vom Blatt – ein rührendes Liebeslied, das sich in jeder Strophe auf die Zeile reimte »Un dä Mann is Schlosser!«. Sie sang es mit Tränen in den Augen und hat es später nie wieder gesungen und auch nicht veröffentlicht.

Bald darauf war der Schlosser vorübergehend einmal wieder in Deutschland. Sie verabredeten sich in der Kneipe einer süddeutschen Großstadt. Sie fuhr hin und geriet in eine Spelunke, in der täglich die Menschen strandeten, die an der hiesigen Zivilisation zu Wracks geworden waren. Trude erlag völlig ihrem Traum. Sie glaubte in ihrer leidenschaftlichen Verblendung, hier auf dem reinen Boden eines natürlichen Zustands vor dem Eintritt in die Zivilisation zu stehen. Ihre Augen leuchteten. Sie empfand Trinker und Fixer als Brüder und Schwestern, die sie ohne Berührungsängste umarmte.

Es schien ihr nicht aufzufallen, daß sie fast drei Stunden auf ihren Schlosser warten mußte. Als er kam, flammte Leidenschaft auf, die aber nur von kurzer Dauer sein konnte. Denn er lockte sie mit ihrem Wagen auf einen Autofriedhof, auf dem er sie zu warten bat. Dann ging er, schloß das Tor ab und kam nicht wieder. Trude mußte die Nacht in ihrem Wagen verbringen, empfand die schwere Erniedrigung, begriff auch langsam, daß sie die

Fehleinschätzung selbst zu verantworten hatte. Am Morgen nach dieser Nacht kehrte sie resigniert nach Köln zurück. Und damit war das Kapitel zu Ende.

Es mag keinen Zusammenhang haben, aber als Tatsache soll nicht unerwähnt bleiben, daß Trude Herr bald danach den fünfjährigen Mietvertrag für das Theater erneuerte und endgültig Abschied nahm von allen auf die Wüste bezogenen Filmprojekten. Vermutlich schrieb sie in dieser Phase die Erzählung »Das Camp und die Wüste« nieder.

Die zürnende Göttin

Daß Trude Herr in ihrem Theater auch ihren Tempel sah, zeigte sich in vielerlei Hinsicht. Sie war wohl, was man links nennt, und sie war auch stolz darauf, daß ihr Vater Kommunist gewesen war, aber der Traum vom »sozialen Theater«, in dem alle gleich viel zu sagen haben, ließ sich in einem Tempel nicht verwirklichen. Zwar bezahlte sie ihre Schauspieler gut, aber es galt nur ihr Wille. Daraus entstand eine Art Dauer-»Krach«, der viele bedrückte und erdrückte und der Grund für die große Zahl von Geschichten lieferte, die die Presse begierig aufgriff.

»Die Hellseherin«, 1985.

Eines der ersten Opfer war ihr Mitspieler Harry J. Bong, mit dem sie lange befreundet war und der ihr jahrelang diente. Nachdem 1978 »Die kölsche Geisha« 143mal gelaufen war, hielten seine Nerven nicht mehr durch. Schon lange hatte er sein Leid im Cognac ertränkt. Jetzt platzte seine Wut aus ihm heraus. Trude berichtete vor Gericht, daß er sie in einer Auseinandersetzung mit Kölsch übergossen und dann das Schlimmste getan hatte, dessen ein Mensch ihr gegenüber wohl fähig sein konnte: Er nannte sie »Frau Millowitsch«. Die letzte Vorstellung der »Geisha« platzte, weil er einfach nicht mehr zur Arbeit erschien. Ihm war alles egal. Vor Gericht wurde er später zu einem Schadensersatz von 5000 DM verurteilt.

Als nächsten traf es den Pächter des Foyers. Es war ein Wirt, der im Severinsviertel eine typische kölsche Kneipe betrieb. Ihn hatte Trude Herr ins Theater geholt, um eine ausgesprochen kölsche Atmosphäre zu schaffen. Das gelang dem geübten Wirt auch – unter anderem mit dem Verkauf einer typisch kölschen Delikatesse, den Reibekuchen, die in anderen Gegenden auch als Kartoffelpuffer bekannt sind. Obwohl das beliebte Pfannengericht nicht im Theater zubereitet werden konnte und also fertig geliefert wurde, meinte Trude, den Geruch so penetrant auf der Bühne und im Saal riechen zu können, daß sie befürchtete, dadurch könne die Konzentration des Publikums vom Bühnengeschehen abgelenkt werden.

Darauf setzte sie den Wirt einfach vor die Tür.

Es kam zu einem jahrelangen Rechtsstreit. Höhepunkt war ein Ortstermin des Gerichts auf der Bühne selbst, die in einem Sinne zum Tribunal wurde, wie Schiller es sich nicht hätte erträumen können. Die Richter mußten versuchen zu erschnuppern, ob tatsächlich Reibekuchenduft vom Foyer auf die Bühne dringen konnte. Die Überprüfung fiel nicht überzeugend aus, und Trude Herr wurde in der zweiten Instanz schließlich zu einem Schadensersatz von 15 000 DM verurteilt. Da sie nicht direkt zahlte, drohte der pfiffige Wirt sogar mit dem Gerichtsvollzieher. Der ganze Fall war ein gefundenes Fressen für die Presse, und die Werbung, die der Wirt dadurch erhielt, war unbezahlbar.

Als nächsten traf der Zorn der Göttin den Fischhändler, dessen Geschäft genau gegenüber vom Theater lag. Er hatte es gewagt, auf seinem Einpackpapier eine mittlerweile präzisere Ortsangabe aufzudrucken als nur Straße und Hausnummer: »gegenüber vom Trude-Herr-Theater«. Trude schäumte: »Ich – und dann Fisch?!!« Sie drohte dem Fischhändler eine Schadensersatzklage an, wenn er das Papier nicht verschwinden ließe. Zum Prozeß kam es nicht.

Schlagzeilen

Alle diese Geschichten sind nicht erst nach ihrem
Tode aus dem Halbdunkel der Diskretion gezogen
worden. Sie begleiteten Trude Herrs späteres Leben wie ständige Fanfarenstöße. Ihr Leben war
der Boulevardpresse bis zuletzt dicke Schlagzeilen wert. Ob sie neue Zähne bekam oder eine Autopanne hatte, ob sie sich ihr Doppelkinn weg-
operieren ließ oder ob sie in ihrem Garten eine
Pflaumenschwemme hatte, ob sie in der Wüste
verschollen war oder ob sie ein neues Haus bezog, immer verfolgte das hochverehrte Publikum
alle Fährnisse seines Idols. Trude Herr gab vor,
schwer darunter zu leiden, und tat es vielleicht
sogar. Es war aber nie genau zu ermitteln, ob die
Journalisten bei ihr besonders gut auf der Lauer
lagen, oder ob die Berichterstattung das Ergebnis einer geschickten Öffentlichkeitsarbeit war.
Besonders beliebt waren die hochdramatischen
Geschichten, die teilweise den Charakter von
Fortsetzungsromanen hatten. So beispielsweise,
als in ihrem Haus in Loope eingebrochen wurde
und Sachen im Wert von 50000 DM entwendet
wurden. Erste Folge: der Einbruch! Trude Herr
konfus! Alle Welt fragte sich, warum sie nicht direkt in Loope die Polizei rief, sondern dreißig Kilometer bis nach Köln zurückfuhr und da erst
Alarm schlug. Zweite Folge: Es stellte sich her-

Mit Klaus Dahlen in »Fröhliches Beileid«, 1983.

aus, daß ein Mitarbeiter ihres Theaters der Haupttäter gewesen war. Verhaftung von der Bühne weg. Dritte und weitere Folgen: Der Prozeß, der »erfreulicherweise« sowohl vom Angeklagten wie von der Justiz in drei Akten gespielt wurde. Der Mitarbeiter wurde für schuldig befunden und verurteilt.

Noch während das eine Drama lief, gab es schon ein neues: In einem Nachbarhaus des Theaters hatte es nachts einen Einbruchsversuch gegeben, und Trude hatte die Täter verjagt. Ein andermal war sie in Südspanien ausgeraubt worden. – Wieder ein andermal war durch eine Indiskretion durchgesickert, daß Trude Herr beim Rat der Stadt Köln Subventionen beantragt hatte. Flugs wurde in den Zeitungen gemutmaßt, sie hätte mit der Schließung ihres beliebten Theaters gedroht. In den siebziger und achtziger Jahren bot Trude Herr der Boulevardpresse echte Sternstunden. Das änderte sich nicht einmal, als sie auf den fernen Fidschiinseln lebte. Regelmäßig kamen Neuigkeiten über Freunde, die sie besucht hatten, oder sie schrieb lange Briefe und telefonierte zu nachtschlafener Zeit mit Köln, als ob sie noch in der Nachbarschaft leben würde.

Der letzte Akt

Suche nach einem neuen Paradies

1986 stieß Trude Herr endgültig an die Grenzen ihrer Belastbarkeit. Das Jahr begann mit einer schweren Gefäßverengung in den Beinen, was ihr das Laufen zur Qual machte. Das Rauchen und ihre anstrengende Lebensweise waren nicht ohne Folgen geblieben. Nur mit Mühe entging sie einer drohenden Amputation ihres »Raucherbeins«. Nach mehreren Operationen, in denen ihr die Adern erweitert wurden, machte sie sich keine Illusionen mehr über ihre Zukunft. Ihr wurde klar, daß sie so nicht weiterleben konnte – und wollte. So schön die Zeit des »Theaters im Vringsveedel« auch war, sie wollte im Leben noch etwas anderes tun. »Ich will keine Schauspielerin mehr sein«, sagte sie. »Ich kann es nicht mehr ertragen, angestarrt zu werden.«

Nicht systematisch, aber doch zielgerichtet begann sie, auf eine neue Situation hinzuarbeiten. Schon ein halbes Jahr zuvor hatte sie zum ungläubigen Erschrecken ihrer Verehrer angekündigt, das »Theater im Vringsveedel« schließen zu wollen. Sie hatte ihm jahrelang zu viele persönliche Opfer gebracht. Hätte sie sich nur auf die Schauspielerei beschränkt wie zur Zeit der »Perle Anna«, hätte sie mit sehr viel weniger Aufwand sehr viel mehr Geld verdienen können. Entscheidend war aber auch, daß sie ein Gespür dafür hatte, daß in ihren Stücken alles niedergelegt war, was sie an künstlerischer Aussage zu geben hatte. Eine Vielschreiberin war sie nicht und wollte sie auch nicht sein. Jetzt verzichtete sie endgültig auf einen neuen Mietvertrag. Sie und Bruno Krupki trennten sich geschäftlich; sie übernahm wieder alle Gesellschafteranteile des Theaters. »Beim Notar haben wir beide Rotz und Wasser geheult«, erzählte sie nachher.

Dennoch trug die Entscheidung keinerlei Züge von Resignation. »Ich habe noch viele Ideen«, sagte sie. Sie ging daran, ihren nächsten Traum zu verwirklichen: ausschließlich als Schriftstellerin zu leben. Schon öfter hatte sie das Bedürfnis geäußert, sich nach den vielen Theaterstücken mehr den erzählerischen Formen zuzuwenden, und sie bemühte sich jetzt um einen Verlag für ihre Erzählungen »Max und Agathe I« sowie »Das Camp und die Wüste«.

Gerade für das Schreiben von Erzählungen waren aber noch mehr Ruhe und Abgeschiedenheit erforderlich, als sie sie bis dahin gehabt hatte. Das Problem war allerdings nicht, einen Ort zu finden, an dem es ruhig war, sondern einen, an dem sie eine Lebensform verwirklichen konnte, die zu ihrem Selbstverständnis paßte. »Ich will nur noch als Nomade leben, jeder Konsum ist mir verhaßt«, sagte sie. Aber die Wüste kam nicht mehr in Betracht. Sie wußte, daß sie körperlich schon nicht mehr stark genug war, um in der Härte der Nicht-Zivilisation zu bestehen. Also begann sie, einen Ersatz zu suchen. Zuerst innerlich. Treu dem Gesetz ihrer Persönlichkeit, strebte sie wieder ins Große und Unendliche, dahin, wo Natur und Universum Grenzen setzen. Nur dort – notfalls am Ende der Welt – konnte sein, was sie brauchte.

Dann brach sie auch äußerlich auf. Kaum daß sie von ihren schweren Operationen genesen war, reiste sie im Frühjahr 1986 in Begleitung ihres Kollegen Rolf Berk nach Mexiko. Sie sah, lernte, bewunderte, aber sie blieb nicht. Als Berk nach Europa zurückkehren mußte, entschloß sie sich, weiterzureisen. Dabei gelangte sie schließlich auf die andere Seite der Welt, zu den Fidschiinseln. Hier meinte sie, das Paradies entdeckt zu haben, das sie schon lange gesucht hatte. »Der Pazifik hat mich mit seinem Zauber geradezu angesprungen. Dort will ich schreiben, schreiben, schreiben ...«, schwärmte sie nach ihrer Rückkehr.

Nicht nur die milde Sonne und die schmeichelnden Winde über dem endlosen Meer faszinierten sie. Die Fidschis boten den Reiz einer frühen Zivilisation – ähnlich wie die Wüste, aber ohne deren Härte. Die mehrheitlich einfachen, ja armen Menschen waren freundlich, friedfertig und hilfsbereit. Sie waren frei von bürgerlichen Konventionen und festgelegten Rollen. Alles hatte den Reiz des Neuen und Unverbrauchten für Trude.

Hinzu kam das geringe Einkommensniveau des Landes. Es erlaubte Europäern, vergleichsweise herrschaftlich zu leben für einen Betrag, mit dem man in Köln nicht einmal mehr eine größere Wohnung mieten konnte. Schnell war ihr Entschluß gefaßt: Dort wollte sie leben! Ein Jahr später hatte sie ihr Ziel erreicht. Das Theater war geschlossen, ihr Haus war verkauft, das Hausboot war von Bruno Krupki übernommen worden, und ihre ganze restliche Habe schaukelte auf einem Ozeanfrachter nach Viti Levu, der Hauptinsel der Fidschis.

Der lange Abschied von Köln

Es ist unglaublich, mit welcher Beharrlichkeit sie an ihren Plänen auch dann noch festhielt, als ihr gesundheitlicher Zustand sich fortlaufend und dramatisch verschlechterte. Im September brachte sie ihr letztes Stück heraus: »Der zweite Frühling«. Vier Monate später, im Januar '87, mußte sie von der Bühne weg wieder in die Klinik eingeliefert werden. Deshalb fiel die allerletzte Vorstellung des »Theaters im Vringsveedel« aus. Diesmal ließ sie sich in München operieren – wieder wegen des Raucherbeins. Gleichzeitig erhielt sie einen Bypass am Herzen. »Ich weiß, daß ich nicht alt werde«, sagte sie Freunden, als sie wieder zurück war. Aber dennoch liefen alle Vorbereitungen zur Übersiedlung nach den Fidschis auf Hochtouren. Es konnte keine Rede davon sein, daß sie kürzer trat oder sich gar zur Ruhe setzte. Sie stellte sich nur auf die neuen Gegebenheiten ein.

Obwohl kaum genesen und innerlich schon ganz ihrer neuen Welt zugewandt, gab sie dann am 15. Februar 1987 auf der Bühne ihres Theaters ihren Abschied. Sie sang ihre schönsten eigenen Lieder, darunter »Die Stadt«, »Ich sage, wat ich meine« und besonders »Niemals geht man so ganz«. Gleichzeitig wurde ihre Langspielplatte und das Taschenbuch »… und plötzlich kippt es um« vorgestellt, das ihre beiden Erzählungen enthielt. Fast alle Freunde waren gekommen. Es war eine Mischung aus Freude und Trauer, Wehmut und Zukunftshoffnung. »So ein Abschied ist noch lange kein Tod«, hieß es tröstend in ihrem Lied. Die meisten sagten oder dachten zumindest: Sie kommt bestimmt bald wieder. Wer so sehr dazugehört hat, der geht wirklich nicht für ganz.

Aber selbst beim Abschied gab es wieder neue Entwicklungen, die wenige Jahre zuvor offensichtlich noch unmöglich gewesen waren. Neben Trude standen keine alten Weggefährten auf der Bühne, sondern der Fernsehmoderator Ingolf Lück, der durchs Programm führte, sowie der Bläck-Fööss-Sänger Tommy Engel und BAP-Chef Wolfgang Niedecken, die mit Trude das Lied »Niemals geht man so ganz« sangen. Das Publikum spendete ihnen stehende Ovationen. Das war kein Abschied, sondern ein Übergang. Eine neue Generation hatte einen Weg zu Trude Herr gefunden, und sie zu ihr. Der Erfolg, den das Lied anschließend in ganz Deutschland hatte, zeigte, daß zwar spät, aber doch noch zu ihren Lebzeiten ein gegenseitiges Verständnis zwischen der ehemaligen Ulknudel und den jüngeren Idolen zustande gekommen war.

Man muß sich die Mischung von persönlicher Leistung, künstlerischem Anspruch, bester Unterhaltung und gesellschaftlicher Stilbildung klarmachen, um zu begreifen, daß viele es wirklich als schmerzlichen Verlust empfanden, als Trude Herr ihren Abschied nahm und das »Theater im Vringsveedel« als Treffpunkt verlorenging. Es war ein Kapitel im Leben Kölns, der überörtlichen Kulturszene und ein wenig auch der neudeutschen Gesellschaft, das da abgeschlossen wurde. Es wurden viele Reden gehalten, viele Botschaften geschrieben. Der schönste Abschiedsruf stammte von Jürgen Flimm, der damals schon ans Hamburger Schauspielhaus gewechselt hatte:

Kölsche Apokalypse

Unglaubliches raunt man im kühlen Norden:
Schwarze Wolken ballten sich überm grauen
Fluß, die Möwen flögen rückwärts über Deutsch-
lands stolzen Strom, der Dom, der Republik
größte Bahnhofskapelle, zeige Risse im Getürm,

die matte Taube verstecke traurig ihren zier-
lichen Kopf unterm zerzausten Gefieder, dem
»decken Pitter« versage der Klöppel, der Rosen-
montag werde auf den Aschermittwoch verlegt,
Marx und Kolping tanzten Hüppekästchen auf
dem Dionysosmosaik ... Wallraf segne nun als
Kardinal, und Bio tanze bei Pina Bausch.
Elend und Trauer, halbmast die Fahne, die Heili-
gen Drei Könige wandern aus nach Düsseldorf;
Aufruhr und Scham; das heilige Köln ist aus den
Fugen, die Kategorien in der schändlichsten Ver-
wirrung! Trauer muß dat Veedel tragen! O weh!
Der Rhein tritt über seine Ufer – Land unter
in Nippes. Der halve Hahn kräht dreimal, das
Kölsch verwandelt sich in Wasser. Ratlos starren
die 11 000 Jungfrauen und ziehen traurig durch
dat Veedel:
Trude läßt den Vorhang runter, und nimmer kehrt
sie wieder! Wer haut denn nun die Leute auf die
Köppe? Wer beleidigt nun das Estäblischment,
zieht es an langen Ohren durch den Kakao und
läßt es den noch trinken? Wer soll da noch zo Foß
noh Kölle jon? Wer übt mit uns nun die rheinische
Quadratur des Kreises, wer tanzt uns nun die
Verhältnisse vor, hocherhobenen Hauptes, gravi-
tätisch wie ein Wolkenschieber in rotweißen
Spitzenschuhen? Ach, wenn da Bädde (Beten)
sich lohne dät!
Komm zurück ins Veedel, da gehörst Du hin – das
rauhe Herz am linken Fleck, Du Duse der Seve-
rinstraße!

Einige Zeit später erhielt Trude Herr die offizielle Anerkennung des Staates: das Bundesverdienstkreuz. Das war im Dezember 1988, als sie schon auf den Fidschis lebte. Der Vorschlag war von Bundesaußenminister Hans-Dietrich Genscher gemacht worden. Die Verleihung fand in der deutschen Botschaft in Wellington, Neuseeland, statt. In der Begründung hieß es, die Auszeichnung werde verliehen wegen »der großen Verdienste, die sich Trude Herr um das Kulturleben der Stadt Köln, darüber hinaus aber auch für die Bundesrepublik Deutschland erworben hat«. Sie habe mit Gründung und Betreibung des »Theaters im Vringsveedel« die große Kölner Volkstheatertradition in Form eines reformierten Volkstheaters fortgesetzt.

Trude war gefühlsmäßig durchaus bewegt in den Tagen der Trennung von Köln und dem wichtigsten Abschnitt ihres Lebens. Die Neigung zum Pathetischen hatte sie seit ihren Schultagen nie ganz verloren, auch wenn sie zumeist ein Bestandteil ihrer Komik gewesen war. Die Ausdauer, mit der sie öffentlich ihren Abschied zelebrierte, hatte etwas vom Aufbruch alttestamentarischer Karawanen. Sie verbreitete das Gefühl, ohne Wiederkehr zu einem anderen Planeten, in ein neues Äon aufzubrechen. Alle paar Tage zeigten die Zeitungen wieder ein neues Bild von ihr und jemandem, von dem sie sich verabschiedete. Sie machte sogar noch eine Reise nach Nordafrika, um der Wüste Lebewohl zu sagen. Als sie schließlich weg war, konnte man hier und da sogar ein verstohlenes Aufatmen vernehmen.

Andererseits darf man getrost glauben, daß ihr Herz nicht übermäßig an irgend etwas hing. Sie wollte weitergehen, etwas Neues machen, nicht im Alten befangen bleiben. Ganz ohne Sentimentalität räumte sie ihr Theater aus und machte sich auf den Weg. Das, was übrigblieb, konnten die Kölner für ein paar Mark erstehen. Der Ausverkauf des »Theaters im Vringsveedel« im August 1987 wurde zu einer Saalschlacht. Die Liebe zur geschiedenen Göttin machte alle Dinge, die sie berührt hatte, zu Reliquien, die nun wohlfeil zu erstehen waren. Danach war der Raum fast wieder das, was er vorher gewesen war. Das Theater wurde anschließend auch tatsächlich wieder zu einem Kino.

Aber der Abschied war doch nicht so endgültig, wie es zunächst den Anschein hatte. Alle paar Wochen gab es eine Nachricht von den fernen Fidschiinseln, sei es, daß Trude Herr in einem australischen Tonstudio eine neue Plattenaufnahme machte, sei es, daß sie das Bundesverdienstkreuz erhielt, sei es, daß Freunde bei ihr vorbeischauten und in der alten Heimat Bericht erstatteten. Anfang 1988 tauchte sie sogar überraschend wieder in Köln auf und löste damit wieder einen Presserummel aus. Dabei stellte sie gleich ihren neuen Lebensgefährten vor: Samuel Bawesi, einen dreißig Jahre jüngeren Fidschianer. Samuel war Taxifahrer und Elektriker.

Insgesamt blieb Trude Herr zwei Monate in Deutschland, wo ihr wieder viel Beachtung zuteil wurde. Der Hauptgrund, aus dem sie gekommen war, waren allerdings die Beine. Sie mußte sich erneut operieren lassen. Im März fuhr sie zurück.

Leben auf der Insel

Jetzt blieb sie fast drei Jahre ununterbrochen auf den Fidschiinseln. Sie hatte sich für ein paar hundert Mark ein Haus oberhalb der Stadt Suva gemietet. Es bot einen schönen Blick über ein Tal bis hin zum Pazifischen Ozean; es war nicht zu groß, aber geräumig, und es verfügte über einen Swimmingpool sowie ein großes Grundstück. Das ganze Anwesen wurde von ihrem Freund Samuel gepflegt, und es standen außerdem noch hilfreiche Hausgeister zur Verfügung.
Trude genoß ihr neues Leben. Sie war sehr entspannt. Abseits von jedem öffentlichen Interesse verzichtete sie auf Schminke und gefärbte Haare. Sie liebte es, auf der Terrasse zu sitzen, in die Ferne zu schauen oder in ihrem Pool zu schwimmen. Obwohl sie nach wie vor gern und gut kochte und aß, zügelte sie sich und verlor einige Pfunde. Sie schaffte es auch, weniger Zigaretten zu rauchen. Allen Berichten von Freunden und

Bekannten, mit denen sie in Verbindung blieb, ist zu entnehmen, daß sie in der Tat sehr viel schriftstellerisch arbeitete. Sie schrieb an einem autobiographischen Roman mit dem Titel »Der Tränenbaum« und an verschiedenen Theaterstücken. Eines, das noch mit Sicherheit fertig wurde, hieß »Ein Schwein namens Tankred – oder Das Gasthaus zum lachenden Keiler«. Daneben verfaßte sie Chansons und textete Lieder.

Trude Herrs Leben hätte paradiesisch sein können, wenn sie gesund gewesen wäre. Sie konnte kaum noch gehen, mußte räumlich und zeitlich alles genau einteilen, was sie vorhatte, und die meisten Dinge mußte ihr Sam abnehmen. Von ihm sprach sie immer sehr warmherzig und dankbar. Trotz ihrer Einschränkungen war sie unternehmungslustig wie eh und je, und das bezog sich nicht nur auf das Schreiben. Als eine gute Bekannte sie Mitte 1989 besuchte, zeigte ihr Trude eine Champignonzucht, die sie im Keller ihres Hauses angelegt hatte. Angeblich gab es diese Pilze im ganzen pazifischen Raum nicht, und Trude versprach sich ein gutes Geschäft davon.

1990 verbrachte ihr Freund Bruno Krupki einige Monate bei ihr. Auf seinen Weltenbummeleien hatte es ihn auch auf die Fidschis verschlagen. Damals war noch nicht absehbar, daß Trude an ihrem Zustand etwas ändern würde. Alle, die sie gesehen hatten, gingen davon aus, daß sie nicht mehr zurückkehren würde.

Die letzte Rückkehr

Was dann geschah, läßt sich nicht mehr genau nachvollziehen. Manfred Schmidt war Trudes letzter Besucher auf den Fidschis. Er war dort für einige Tage zum Jahreswechsel 1990/91. Als er ankam, hatte es erhebliche Änderungen gegeben. Samuel Bawesi hatte angeblich eine neue Existenz in San Francisco, USA, gefunden, der Trude nicht im Wege stehen wollte. Jedenfalls war das Paar getrennt, und Trude hatte den Entschluß gefaßt, nach Europa zurückzukehren, um die Früchte ihrer schriftstellerischen Arbeit zu ernten.

Es spielten aber auch finanzielle Notwendigkeiten eine Rolle. Sie hatte bei dem Champignon-Unternehmen Geld verloren, und auf eine Altersversicherung konnte sie nicht zurückgreifen. In Interviews erklärte sie immer lächelnd, sie hätte ihr Geld »verjubelt«. Anzeichen, daß es nicht ganz so gut ging, war den Zeitungsberichten zu entnehmen gewesen, in denen sie ganz offen geklagt hatte, von früheren Geschäftspartnern betrogen worden zu sein. Erstaunlicherweise hatte sie dennoch die Anfrage eines Produzenten, ihr Stück »Scheidung auf kölsch« nachzuspielen, mit einer so horrenden finanziellen Forderung beantwortet, daß das Projekt nicht zustandekam.

Mit Manfred Schmidt besprach sie alle Details ihrer Rückkehr. Er reiste ab, und schon wenige Tage später kam Trude nach. Ihr Aufenthalt wurde zuerst geheimgehalten, aber das ließ sich nicht lange aufrechterhalten. Zunächst gelangte die Nachricht zielgerichtet an verschiedene Zeitungen, und wenige Tage später, am 30. Januar 1991, gab es den gewohnten und vielbeachteten öffentlichen Auftritt, als Trude bei Manfred Schmidts Kölner Medientreff auftauchte.

Nun war sie wieder ganz die alte liebenswürdige Göttin. Sie hatte sich die Haare tiefschwarz gefärbt und ihre Augen höchst ausdrucksvoll geschminkt. Doch diejenigen, die sie kannten, merkten, daß es ihr nicht besonders gutging. Die verlorenen Pfunde hatte sie wiedergefunden, sie wirkte aufgeschwemmt und konnte kaum noch gehen. Aber ihre Augen leuchteten wie früher, sie sprach von Plänen, wirkte aufgeräumt und unternehmungslustig.

Es wurde offiziell mitgeteilt, daß sie mit RTL plus darüber in Verhandlungen stehe, für diesen privaten Fernsehsender komische Sketche zu schreiben. Dann sagte sie den »Bläck Fööss« zu, als Stargast in deren Konzertproduktion aufzutreten, die die Gruppe im Frühling traditionell im Millowitsch-Theater herausbrachte. Der Produzent dieser beliebten Veranstaltungsserie war seit vielen Jahren Otto Hofner. Die Premiere war für Ende März vorgesehen.

Das Ende in Lauris

Wieder einmal mußte eine Lösung für Trudes Lebensform gefunden werden. Ein bißchen Wüste, ein bißchen Fidschis, weit vom Schuß, aber doch so, daß sie nicht ganz unerreichbar war, und dann durfte es auch nicht zu kalt sein. Die Entscheidung fiel auf Südfrankreich. Im Februar zog Trude Herr in ein Hotel in die Gegend von Aix-en-Provence nördlich von Marseille. Von hier aus suchte sie ein neues Zuhause und fand es auch bald. Es war ein kleines, ganz einfaches Haus in einer eher kargen Umgebung. Der Ort hieß Lauris. Sie richtete sich mit den paar Dingen, die sie noch und wieder verfügbar hatte, ein; die Rückkehr ihrer Habe von den Fidschis blieb offen, da sie die Abreise so plötzlich angetreten hatte, daß sich um die Verschiffung erst noch jemand kümmern mußte.

Am Morgen des 16. März 1991 kam Trudes Haushaltshilfe in ihr Häuschen und sah Madame wie gewohnt im Sessel sitzen. Als sie sie ansprechen wollte, stellte sie fest, daß Madame kein Lebenszeichen mehr von sich gab. Der Arzt konnte nur noch den Tod feststellen. Trude Herr war offensichtlich am Abend zuvor bei Einbruch der Dunkelheit, im Sessel sitzend, einen friedvollen Herztod gestorben.

Die Nachricht wurde von allen Nachrichtenagenturen verbreitet und sprach sich herum wie ein Lauffeuer. Manche Zeitungen schickten sogar eigene Korrespondenten an den Ort des Geschehens. In aktuellen Berichten wie in mehrteiligen Rückerinnerungen wurde einer interessierten Öffentlichkeit noch einmal das Leben der Trude Herr aufgeblättert. Die ARD änderte einige Tage darauf ihr Abendprogramm und wiederholte noch einmal die »Scheidung auf kölsch«. Der Eindruck, daß eine Persönlichkeit gestorben war, die nicht mehr nur als »Ulknudel« gesehen wurde, breitete sich spürbar aus.

Da keiner der Lebensgefährten mehr in direktem Kontakt mit ihr stand, kam jetzt nach vielen Jahren noch einmal die Stunde der Familie. Trudes Schwester Agi nahm die letzten Dinge in die Hand und flog sofort nach Lauris. Wie es in der Familie Herr üblich war, wurde Trude eingeäschert, und zwar in Marseille. Es entsprach ebenfalls den Gepflogenheiten der Familie, auf geistlichen Beistand zu verzichten. Ungefähr zehn Tage nach Trudes Tod kehrte Agi mit der Urne nach Köln zurück.

Die Beisetzung fand am 27. März 1991 auf dem Nordfriedhof in Köln statt, wo die Bewohner von Nippes beerdigt werden. Hier waren auch schon die Urnen von Trudes Eltern beigesetzt worden. Vor und in der kleinen Leichenhalle drängten sich die Trauergäste ebenso wie auf dem langen Weg bis zum Familiengrab der Herrs.

Die Zahl derer, die an Trude Herrs Begräbnis Anteil nahmen, mag in die Tausende gegangen sein, der dichtbepflanzte Friedhof erlaubte keinen genauen Überblick, aber der Strom der Menschen riß über Stunden nicht ab. Es war keine Sensationshascherei dabei. Die meisten waren ganz offensichtlich gekommen, weil sie spürten, daß hier ein Stück von ihnen selbst zu Grabe getragen wurde. Es war ein stiller Schlußapplaus für eine Volkskünstlerin, wie diese Generation nur wenige hervorgebracht hatte. Hinter der Urne ging als prominentester Kollege Willy Millowitsch, der in diesem Moment die Bewunderung für die kongeniale jüngere Kollegin weit über alle anderen Gefühle und Verletzungen stellte, die er im Laufe der Jahre erlitten hatte.

In seiner Traueransprache voll leidenschaftlicher Anerkennung sinnierte der ehemalige Oberstadtdirektor Kölns, Kurt Rossa, dem angemessenen Begräbnis nach, das man dieser Frau hätte bereiten können. Er kam zu dem Ergebnis, es wäre ihrem Leben und ihrer Persönlichkeit gemäßer gewesen, ihre Asche aus einem Flugzeug über der Sahara zu verstreuen. Und er zitierte Trude Herr in ihrer Begeisterung für die Wüste: »Wie ein Vogel fliegt die Seele voraus und dahin über weites Land, und nichts ist, was sie festhalten kann. Sie wird kühn und frei, frei, frei.«

Bildnachweis